Peter Klimczak

40 Jahre ‚Planet der Affen'

Reihen- und Zeitgeistkompatibilität –
über Erfolg und Misserfolg von Adaptionen

FILM- UND MEDIENWISSENSCHAFT

Herausgegeben von Irmbert Schenk und Hans Jürgen Wulff

ISSN 1866-3397

1 *Oliver Schmidt*
Leben in gestörten Welten
Der filmische Raum in David Lynchs *Eraserhead*, *Blue Velvet*, *Lost Highway* und *Inland Empire*
ISBN 978-3-89821-806-1

2 *Indra Runge*
Zeit im Rückwärtsschritt
Über das Stilmittel der chronologischen Inversion in *Memento*, *Irréversible* und *5 x 2*
ISBN 978-3-89821-840-5

3 *Alina Singer*
Wer bin ich? Personale Identität im Film
Eine philosophische Betrachtung von *Face/Off*, *Memento* und *Fight Club*
ISBN 978-3-89821-840-5

4 *Florian Scheibe*
Die Filme von Jean Vigo
Sphären des Spiels und des Spielerischen
ISBN 978-3-89821-916-7

5 *Anna Praßler*
Narration im neueren Hollywoodfilm
Die Entwürfe des Körperlichen, Räumlichen und Zeitlichen in *Magnolia*, *21 Grams* und *Solaris*
ISBN 978-3-89821-943-3

6 *Evelyn Echle*
Danse Macabre im Kino
Die Figur des personifizierten Todes als filmische Allegorie
ISBN 978-3-89821-939-6

7 *Miriam Grossmann*
Soziale Figurationen und Selbstentwürfe
Schauspieler und Figureninszenierung in Eric Rohmers *Pauline am Strand*, *Vollmondnächte* und *Das grüne Leuchten*
ISBN 978-3-89821-944-0

8 *Peter Klimczak*
40 Jahre ‚Planet der Affen'
Zeitgeist- und Reihenkompatibilität – über Erfolg und Misserfolg von Adaptionen
ISBN 978-3-89821-977-8

In Vorbereitung:

Ingo Lehmann
Ziellose Bewegungen und mediale Selbstauflösung im absurden "Genrefilm-Theater" Monte Hellmans
ISBN 978-3-89821-917-4

Tobias Sunderdiek
"The Wonderful Wizard of Oz" – Verfilmungen eines Kinderbuchklassikers
ISBN 978-3-89821-960-0

Peter Klimczak

40 JAHRE ‚PLANET DER AFFEN'

Reihen- und Zeitgeistkompatibilität –
über Erfolg und Misserfolg von Adaptionen

ibidem-Verlag
Stuttgart

Bibliografische Information der Deutschen Nationalbibliothek
Die Deutsche Nationalbibliothek verzeichnet diese Publikation in der Deutschen Nationalbibliografie; detaillierte bibliografische Daten sind im Internet über http://dnb.d-nb.de abrufbar.

Bibliographic information published by the Deutsche Nationalbibliothek
Die Deutsche Nationalbibliothek lists this publication in the Deutsche Nationalbibliografie; detailed bibliographic data are available in the Internet at http://dnb.d-nb.de.

Coverbild: © JenaFoto24 / PIXELIO

∞

Gedruckt auf alterungsbeständigem, säurefreien Papier
Printed on acid-free paper

ISSN: 1866-3397

ISBN-10: 3-89821-977-1
ISBN-13: 978-3-89821-977-8

Printed in Germany

Inhaltsverzeichnis

1. Hinführung

1.1 Einleitung

Im Allgemeinen wird das Ausbleiben von Adaptionen damit begründet, dass sie nicht mehr konsumiert, nicht mehr rezipiert werden, was häufig automatisch zur Einstellung der Produktion weiterer Adaptionen führt. Als Grund für den ausbleibenden Konsum wird in der Regel die mangelnde Qualität der Produkte und damit unweigerlich verbunden die Unfähigkeit der Produzenten kritisiert.[1]

Aufbauend auf einer längeren Beschäftigung mit der ‚Planet-der-Affen'-Reihe[2/3/4/5] sowie mit verschiedenen Arbeiten zum Strukturwandel[6] in Literatur und Film soll am konkreten Beispiel, nämlich der PdA-Reihe, untersucht werden, inwiefern ein derartiges Ausbleiben eventuell auf Kulturwandelfaktoren zurückgeführt werden kann, d.h. auf Faktoren, die ein Scheitern unabhängig von dem Können Einzelner präjudizieren, es unausweichlich machen. Das Ziel dieser Studie ist es damit aber ebenfalls, die Einsatzmöglichkeit der *Literatur- / Mediensemiotik*[7] auch für eine der-

---

[1] Vgl. dazu sowie zum nun folgenden Komplex insb. die Schriften von Thorsten Hennig-Thurau: Hennig-Thurau / Wruck 2000; Hennig-Thurau / Walsh 2001; Hennig-Thurau 2004; Hennig-Thurau / Henning 2005; Hennig-Thurau / Houston / Walsh 2007.

[2] Eine Reihe, die, was sowohl die Anzahl der Texte als auch den Zeitraum, über den sie sich erstreckt, angeht, zu den umfangreichsten überhaupt zählt.

[3] Der Einfachheit und besseren Lesbarkeit halber wird im Folgenden ‚Planet der Affen' mit ‚PdA' abgekürzt.

[4] Zur Beschäftigung vgl.: Klimczak 2007.

[5] Ganz allgemein zum Gegenstand PdA vgl.: Grenne 1996; Hofstede 2001; Jogschies 2006; Krah 2004, S. 177-192; Landau 2001; Walter 1992.

[6] Vgl., obgleich bei vielen Arbeiten Strukturwandel nur ein Nebenthema der betreffenden Arbeit darstellt: Decker 2007; Flaschka 1976; Krah 1999c; Krah 2005; Krah 2006b; Titzmann 1989; Titzmann 1999; Wünsch 1975; Wünsch 1991a; Wünsch 1991b; Wünsch 1992; Wünsch 2002; Wünsch 2004.

[7] Vgl. zur hier verwendeten struktural-semiotischen Methode und Theorie (ein-

artige, ein textexternes Phänomen betreffende Fragestellung aufzuzeigen.

Texte, gleichgültig, ob ästhetische oder nicht-ästhetische, sind demnach Produkte ihrer jeweiligen Zeit und ihres jeweiligen Raumes. Sie müssen und können zwar nicht die reale Welt abbilden, können sich aber Sachverhalten, insbesondere den mentalen, dem Denken, Fühlen, Meinen ihrer jeweiligen Zeit, nicht entziehen. Sie müssen notwendigerweise auf Zustände, Missstände, Probleme und Tendenzen ihrer jeweiligen Produktionszeit referieren. Das bedeutet, dass ein zu adaptierender Text, ein so genannter Prätext, Teil einer ganz bestimmten Zeit ist und diese sich somit in ihm widerspiegelt. Seine Adaption muss nun einen Teil der Strukturen des Textes übernehmen und eine bestimmte Menge von Strukturen mit ihm gemeinsam haben, damit die Adaption als Text eben dieser Reihe erkennbar ist. Folglich ist die Adaption prinzipiell in dem, was sie darstellt, nicht mehr völlig frei. Gleichzeitig aber erscheint sie notwendigerweise in einer anderen Zeit, sodass sie, wenn sich die Zeit bzw. Kultur hinsichtlich des im Prätext behandelten Aspekts verändert hat, vor dem Problem steht, nicht mehr kongruent zu ihrer Zeit zu sein, also vor dem Problem steht, mit ihrem Dargestellten an der Zeit vorbeizuerzählen. Dies geht wiederum mit Desinteresse seitens der Rezipienten einher, was schließlich das Einstellen der Produktion weiterer Titel bewirken kann.

Zu Recht kann an dieser Stelle eingewendet werden, dass trotz Veränderung des im Prätext behandelten Aspekts der Kultur die Menge an vom Prätext übernommenen bzw. zu übernehmenden Strukturen nicht derartig groß sein wird, dass keine Anpassung an die veränderte kulturelle Lage möglich sein wird. Das ist eine richtige Beobachtung. Nichtsdestotrotz ist genauso anzunehmen, dass dieser zum Zwecke der Anpassung an den kulturellen Strukturwandel vorgenommene innertextuelle

---

schließlich der in dieser Studie benutzten Fachtermini) insbesondere einführend: Titzmann 1993; Krah 2006a. Weiterführende bzw. medienspezifische Ausführungen dazu finden sich in: Gallas 1972; Kanzog 1997; Krah 2006b; Krah 2006c; Krah 2006d; Krah 2006e; Link 1997; Martinez 2003; Monaco 2004; Pfister 2001; Titzmann 2003; Titzmann 2006.

Strukturwandel an eine Grenze stoßen kann; an einen Punkt also, an dem keine Anpassung an den kulturellen Wandel mehr möglich ist. D.h. nun nicht, dass kein Text mehr produziert werden kann, jedoch, dass der Text wieder vor dem gleichen Problem wie oben steht; allein mit dem Unterschied, dass er sich nun zwischen dem Verzicht auf eine Kongruenz mit der außertextuellen zeitgenössischen Thematik oder dem Verzicht auf eine Kongruenz mit den die Reihe konstituierenden und einen adaptiven Text als solchen erst erkennbar machenden Strukturen entscheiden kann. Die Folgen bei Wahl des letzteren sind dabei die gleichen wie die des schon beschriebenen ersten Falls. Nur der Grund für das Ausbleiben der Rezeption wird nun darin liegen, dass das Desinteresse auf den Mangel an Zugehörigkeit zur Reihe zurückzuführen sein wird. In beiden Fällen werden nicht zu verhindernde Probleme – Inkohärenzen / Inkonsistenzen – zum vom Rezipienten Erwarteten auftreten.

Inwiefern ein solcher Fall konkret vorstellbar ist und ob die hier aufgebauten theoretischen Kausalfolgen überhaupt Gültigkeit haben können, soll die nun folgende Studie zu zeigen versuchen. Als Betrachtungsgegenstand wird dabei, wie bereits erwähnt, die PdA-Reihe dienen. Sie eignet sich dazu aufgrund mehrerer ihr inhärenten Eigenschaften:

1. Wie verschiedenste Arbeiten zur PdA-Reihe oder einzelnen Texten dieser Reihe gezeigt haben, besitzen diese einen starken Bezug zum außerkulturellen zeitgenössischen Kontext, und zwar insbesondere zu politischen und gesellschaftlichen Sachverhalten. Die Untersuchung des Verhältnisses von Textaussage / Textaussagethematik und extrakultureller Thematik sollte somit keine größeren Probleme bereiten.

2. Die PdA-Reihe zeichnet sich zum anderen durch einen langen Produktionszeitraum aus. Der Urtext, der Roman, stammt aus dem Jahre 1963, die bisher letzte Adaption, die Neuverfilmung von Tim Burton, aus dem Jahre 2001. Mit annähernd vierzig Jahren kann schon a priori von einem regen für die Art der Untersuchung konstitutiv benötigten kulturellen Wandel ausgegangen werden.

3. Die Texte der PdA-Reihe verteilen sich nicht gleichmäßig auf diese vierzig Jahre. Abgesehen von der erwähnten Neuverfilmung aus dem

Jahre 2001 und zwei in ihrem Schlepptau entstandenen Adaptionen sind alle anderen Texte, und das sind abhängig von der Zählung mehr als zwei bis drei Dutzend, vor 1976 entstanden; d.h., dass es innerhalb der vierzig Jahre eine gewaltige Lücke von fast 25 Jahren gibt, in der keine Adaption erschienen ist. Es liegt uns also der Fall vor, der hier untersucht werden soll: Das Ausbleiben von Adaptionen; und dazu gehört nicht nur das Ausbleiben nach 1976, sondern auch das nach 2001.

4. Sowohl die Texte unmittelbar vor dem Ausbleiben nach 1976 als auch die vor dem Ausbleiben nach 2001 zeichnen sich dadurch aus, dass sie nur auf wenig positive Resonanz auf Seiten der Rezipienten gestoßen sind.

Die PdA-Reihe erfüllt also alle Voraussetzungen, die das hier formulierte Vorhaben sinnvoll erscheinen lassen, wobei konkret die Serie von 1974 und die Neuverfilmung von 2001 untersucht werden sollen. Die Auswahl der Verfilmung von 2001 erklärt sich aus dem oben Angeführten von selbst – sie stellt den letzten dominanten Text vor dem Ausbleiben nach 2001 dar. Die Entscheidung für die Serie hingegen ist, obwohl es sich nicht um den letzten produzierten Text der ersten Periode handelt, deshalb gefallen, weil sie das erste Adaptionsprojekt darstellt, das erfolglos geblieben ist: Sie wurde nach nur vierzehn Folgen eingestellt.

In beiden Texten soll dabei anhand von Vergleichen der Frage nach der Kongruenz der jeweiligen Textaussage mit dem entsprechenden kulturellen zeitgenössischen Kontext sowie der Kongruenz von deren textuellen Strukturen mit denen der Reihe respektive dem Prätext vorgegebenen Strukturen nachgegangen werden (dazu Kapitel 3: Komparationen). Auf diese Weise kann geklärt werden, ob das Ausbleiben von weiteren Adaptionen nach 1976 und 2001 auf einen nicht absorbierbaren Kulturwandel zurückgeht (eben in Form von mangelnder Kulturkongruenz oder mangelnder Reihenstrukturkongruenz) oder das Ausbleiben doch der schlechten Qualität der Adaptionen geschuldet ist.

Die Grundlage dafür bilden die ausführlichen Textanalysen der Neuverfilmung, der Serie und natürlich des Romans als Prätext, womit ein Strukturvergleich, die Untersuchung des aufgrund des Kulturwandels vonstatten gegangenen textinternen Strukturwandels, vorgenommen werden kann (dazu Kapitel 2: Analysen). Methodisch soll dabei auf Lotmans *Grenzüberschreitungstheorie* zurückgegriffen werden, die sich für die Untersuchung von PdA-Texten besonders eignet. Die Bedeutung von *semantisch-topographischen Räumen* wird schon allein am Titel deutlich: Planet *der* Affen.

1.2 Lotmans Grenzüberschreitungstheorie[8]

Ausgangspunkt

Der Ausgangspunkt von Lotmans Grenzüberschreitungstheorie ist die Beobachtung der Affinität des Menschen, zentrale ideologische Sachverhalte in Form von räumlichen Relationen wiederzugeben,[9] woraus er schlussfolgert, dass die topologische und topographische Struktur von Texten zur Bestimmung nicht-räumlicher Sachverhalte genutzt werden kann.[10] Die konkrete Raumstruktur eines Textes stellt für ihn geradezu ein Abbild der jeweiligen textuellen Weltstruktur dar[11] – eine These, die sich universell natürlich nicht beweisen lässt, die jedoch ein Befund von

[8] Das hier aufgestellte Modell stellt eine Adaption und Rekonstruktion der von Lotman begründeten Grenzüberschreitungstheorie dar und wurde für die Zwecke dieser Studie z. T. auch modifiziert; da dies das Ergebnis einer längeren Beschäftigung mit dieser Theorie und der von ihr handelnden Arbeiten darstellt, wird nur dann auf konkrete Stellen verwiesen, wenn direkt zitiert wird oder ein ganz bestimmter / besonderer Sachverhalt wiedergegeben werden soll. Zur Theorie vgl.: Borstnar / Pabst / Wulff 2002, S. 150-164; Decker 2006, S. 55f: Grimm 1996, S. 180-191; Krah 1999a; Krah 2006a, S. 292-348; Lotman 1974a; Lotman 1974b; Lotman 1993, insb. S. 300-401; Renner 1983, insb. S. 23-94; Renner 1987; Renner 2004; Titzmann 1992; Titzmann 2003, S. 3077-3084.

[9] Vgl. Lotman 1993, S. 313.

[10] Vgl. Lotman 1993, S. 316ff.

[11] Vgl. Decker 2005, S. 55.

höchstem heuristischem Nutzen ist.[12]

Der Grund dafür wird ersichtlich, wenn ein kurzer Blick auf ein paar elementare texttheoretische Grundlagen geworfen wird. Auf diese Weise können dann auch die bis dahin stillschweigend vorausgesetzten Sachverhalte erklärt werden.

Exkurs: Elementare texttheoretische Grundlagen

Grundsätzlich und daher auch unabhängig von Gattung und Medium kann in allen Texten eine Ebene der *Darstellung*[13] / der *Darstellungsweise* / des *Discours* und eine Ebene des *Dargestellten* / der *dargestellten Welt* / der *Histoire* unterschieden werden. Letztere lässt sich mit Michael Titzmann definieren

> ...als die geordnete Menge von Propositionen, die aus dem Text ableitbar sind und nach ihren logischen und eventuell chronologischen Relationen geordnet und hierarchisiert sind.[14]

Die Ebene der Darstellung besteht dagegen aus

> ...jenen semiotischen Strukturen [...], mittels derer die Propositionen ausgedrückt werden, die diese ‚Welt' [...] ausmachen. Diese Ebene besteht also in der Menge der Modi der Präsentation einer ‚Welt'; zu diesen Modi gehören Sprechsituationen, Perspektivierungen, sprachliche, rhetorische, poetische Techniken der Formulierung, Reihenfolge der Präsentation der Daten der dargestellten Welt, Kommentierungen und Evaluierungen der dargestellten Welt durch die Sprechinstanz usw.[15]

Die Definition der Discours-Ebene als die Menge der Modi der Präsentation der dargestellten Welt lässt erkennen, dass es sich bei den beiden Ebenen nicht um voneinander unabhängige Teile eines irgendwie gearteten Textganzen handelt, sondern dass das Gegenteil zutrifft: Der Akt

---

[12] Vgl. Krah 2006a, S. 302.

[13] Vorauszuschicken ist hierbei, dass in der Forschung – zumindest in der strukturalistisch-semiotischen – Konsens über diesen Gegenstand besteht, diese Einigkeit jedoch nicht einhergeht mit einer einheitlichen Terminologie, sodass sich das im Folgenden Beschriebene im Wesentlichen an den Ausführungen von Krah 2006a und Titzmann 1992 orientiert.

[14] Titzmann 1992, S. 235.

[15] Titzmann 1992, S. 235f.

der Darstellung muss notwendigerweise etwas darstellen, genauso wie ein Dargestelltes notwendigerweise erst durch den Akt der Darstellung entsteht. So sehr sich beide Ebenen damit auch gegenseitig bedingen, ist konkret an der Oberfläche des Textes nur die Discours-Ebene fassbar. Die Histoire muss aus dieser immer abstrahiert werden und setzt damit einen Prozess der Rekonstruktion voraus. Zwar handelt es sich bei der Unterscheidung dieser beiden Ebenen ‚nur' um einen Akt der Abstraktion, jedoch ist dieser deshalb sinnvoll, weil damit weitere Implikationen fassbar gemacht werden können:
(1) Da zum Akt der Darstellung konstitutiv auch die Wahl des Zeichensystems gehört und von dieser alle weiteren Wahlmöglichkeiten abhängig sind, handelt es sich bei der Discours-Ebene um die medien- und gattungsspezifische, während die Ebene der Histoire aufgrund ihres Abstraktionscharakters von dieser Wahl zumindest prinzipiell unberührt bleibt und damit als medien- und gattungsunspezifisch gelten kann. Daraus lässt sich weiter folgern, dass (a) Texte auf dieser Ebene unabhängig von ihrer medialen oder textsortenspezifischen Verfasstheit beschrieben und analysiert werden können; (b) die dargestellten Welten von beliebigen Texten prinzipiell problemlos vergleichbar sind und (c) die gleiche Welt in verschiedenen Texten dargestellt werden kann.
(2) Da der Status der dargestellten Welt von der Discours-Ebene abhängt, handelt es sich hier zwar um die hierarchisch ranghöhere Textstruktur. Dadurch aber, dass der Beschreibung der Histoire damit auch (zumindest implizit) ein Akt der Dekodierung des Discours vorausgehen muss, ist diese als Beschreibungsebene wegen des Inklusionsverhältnisses ranghöher.
So sehr es sich bei der Discours- und Histoire-Ebene im Ganzen um Oberflächen- respektive abstrahierte Tiefenstrukturen handelt, kann die Histoire selbst wiederum einem Abstraktionsprozess unterzogen werden, was wiederum die Unterscheidung von sozusagen noch an der Oberfläche liegenden Strukturen und von solchen, die es in der Tat verdienen, als Tiefenstrukturen eines Textes bezeichnet zu werden, ermöglicht. Am oberen Ende der Skala dieses Abstraktionsprozesses ist dabei die Ebe-

ne anzusiedeln, die als Ort der „fundamentale[n] Bedeutung"[16] anzusehen ist. Nach Hans Krah bestimmt sich diese Ebene

> ...über die logisch-semantischen Kategorien, die Paradigmen, welche in bestimmten Relationen stehen und die die dem Text zugrunde liegende semantische Ordnung konstituieren.[17]

Und Petra Grimm beschreibt sie als

> ...die statische Schicht eines Erzähltextes, die als strukturierte, hierarchische Menge aller semantischen Felder aufgefasst werden kann. Sie enthält Basis-Paradigmen (z.B. Sauberkeit vs. Schmutz), die als textspezifische Korrelationen semantischer Felder zu begreifen sind.[18]

So sehr auch diese Ebene das ‚natürliche' Ziel einer jeden auf Bedeutung fixierten Analyse ist, so schwer ist sie auch zu erreichen. Denn was schon für das Verhältnis von Discours und Histoire galt, nämlich dass letztere nur durch erstere zugänglich ist, gilt zumindest prinzipiell auch für diese Tiefenstruktur, die konkret fassbar nur in den ihr vorgelagerten Schichten ist. Eine detaillierte *Propositionsanalyse*[19] des Textes wird zwar diese gesuchte Menge von Strukturen miterfassen können – da diese ja nicht etwas ‚Anderes' im eigentlichen Sinne, sondern nur eine Abstraktion darstellen –, doch ist ein derartiges Vorgehen zumindest bei umfangreicheren Texten allein schon von der Praktikabilität her kaum möglich.

Lotmans empirische Beobachtung aber, dass Räume aufgrund überindividueller, geradezu ahistorischer Raumwahrnehmung die bevorzugten Orte der Basisparadigmen darstellen, ermöglicht es nun vergleichsweise leicht, anhand der Raumstruktur die jeweils konkreten textuellen *Basisparadigmen* zu rekonstruieren.

Der eigentliche Clou liegt jedoch darin, Vorgänge / Geschehen, Handlung also, vor dem Hintergrund eben genau dieser Basisparadigmen zu

---

[16] Grimm 1996, S. 157.

[17] Krah 2006, S. 286.

[18] Grimm 1996, S. 159.

[19] Zum Verhältnis von Textbedeutung und Propositionsanalyse, vgl. Titzmann 2006, S. 71.

bestimmen.[20] Dadurch kommt die Rekonstruktion der Narration nach Lotman einem interpretatorischen Akt gleich.[21]

Lotmans Ereignisdefinition

Aus systemischer Perspektive erweitert Lotmans narrative Theorie im Wesentlichen nur die bereits vorgestellte Idee um eine *dynamische Ebene*: die Raumbewegung von Figuren.

Ein Ereignis als solches muss demnach zwei Bedingungen erfüllen: Einerseits muss eine Bewegung zwischen den mit Basisparadigmen gefüllten, also *semantisierten topographischen Räumen* stattfinden. Andererseits muss aus ihr eine *inkonsistente Situation* hervorgehen, d.h. ein Verstoß gegen jene *statische Schicht*, konkret also dann, wenn die Figur aufgrund ihrer Eigenschaften eigentlich in den Raum A gehören würde, sich nun aber im Raum B befindet und aufgrund ihrer beibehaltenen Eigenschaften in Opposition zum momentanen Aufenthaltsraum B steht: In der Bildsprache Lotmans ist dies eine *Grenzüberschreitung*, weil damit die durch die beiden oppositionellen Räume konstruierte und trennende *Grenze* überschritten wurde. Ist dies der Fall, dann stellt die Bewegung der Figur ein *Ereignis* im Sinne Lotmans dar. Der Text ist somit im Besitz einer nicht nur statischen, sondern auch dynamischen Ebene und folglich handelt es sich bei ihm um einen narrativen Text.

Da das Ergebnis einer Grenzüberschreitung – eine Figur befindet sich in einem zu ihren Merkmalen oppositionellen Raum – nicht durch eine Bewegung dieser Figur zu Stande kommen muss, wurden im Anschluss an diesen Ereignistyp zwei weitere formuliert: Zum einen das Ereignis durch *Merkmalsveränderung*, zum anderen das Ereignis durch Veränderung der statischen Grundordnung, das so genannte *Metaereignis*. Im ersten Fall ändert die betreffende Figur zwar nicht ihren Raum, doch verändern sich die Merkmale der Figur so, dass sie dennoch in Opposition zu ihrem

---

[20] Vgl. Grimm 1996, S. 158f.

[21] Vgl. Krah 2006a, S. 294; vgl. Titzmann 2003, S. 3076.

Ursprungsraum – der ja auch weiterhin Aufenthaltsraum ist – steht. Die zweite Möglichkeit ist genau der umgekehrte Fall: Nicht die Figur verändert ihre Merkmale, sondern der Raum nimmt die zu den Figurenmerkmalen oppositionellen Merkmale an. Das Ergebnis ist aber auch in diesem Fall das gleiche: Raum und Figuren stehen in Opposition zueinander.

Erzählsemantischer Mehrwert

Lotmans Ereignisdefinition mag umständlich erscheinen – erst die Bestimmung der statischen Schicht, der Basisparadigmen, dann die Rekonstruktion der Inkonsistenzen zwischen Figuren und Räumen; doch gerade darin liegt der erzählsemantische Mehrwert seiner narrativen Theorie. Ein so definiertes Ereignis stellt nämlich nichts anderes als den Beginn des jeweiligen textuellen Diskurses über seine Basisparadigmen dar.

Davor war die Welt des Textes eine geordnete, die oppositionellen Basisparadigmen klar voneinander abgegrenzt. Nun aber geraten durch Raumbewegung oder Veränderung der Merkmale der Basisparadigmen von Figur oder Raum diese Ordnung nicht nur selbst in Bewegung, sondern die jeweiligen oppositionellen Basisparadigmen in eine konkrete Konfrontation miteinander: Figur vs. Raum bzw. die diesen Raum auszeichnenden Figuren. Die Analyse der Narration nach Lotman erlaubt damit nicht nur die Rekonstruktion der Handlung im eigentlichen Sinne, sondern vor allem die Rekonstruktion der impliziten, unter der Oberfläche liegenden Diskurse des Textes, der Ebene also, die sich normalerweise nur sehr schwierig greifen lässt.

Renners *Konsistenzprinzip*, die Forderung, dass eine *ereignishafte / inkonsistente Situation* in eine *ereignislose / konsistente Situation* überführt werden muss, ist aus dieser Perspektive nur logisch konsequent. Grenzüberschreitung bzw. Merkmalsveränderung oder Metaereignis stellen ja erst die Initiierung des Diskurses dar – die Lösung / Behebung der durch den jeweiligen Ereignistyp verursachten Diskurssituation bildet dagegen den eigentlichen Diskurs. Dieser Zusammenhang ist am besten in den Fällen zu sehen, in denen das eigentliche Ereignis dem *Discours* des jeweiligen Textes vorgelagert ist, d.h. vor Beginn der Erzähl- bzw. Spielhandlung stattgefunden hat, als solches im Verlauf der Erzählhandlung nicht einmal thematisiert wird und damit gänzlich unbestimmt und unbestimmbar bleibt. Was präsent ist, ist die ereignishafte / inkonsistente Situation. Erzähl- und erzählter Gegenstand ist damit allein die Behebung des ereignishaften Zustands.

Unabhängig davon, ob dieses Initialereignis nun dargestellt, erzählt oder gar nur impliziert wird, kann die inkonsistente Situation wiederum auf drei Arten behoben bzw. getilgt werden: durch einen Raumwechsel der Figur, durch einen Wechsel der Figurenmerkmale oder durch den der raumsemantischen Merkmale, d.h. durch Grenzüberschreitung, Merkmalsveränderung und Metaereignis. Gleichwohl besteht ein Unterschied dahingehend, dass nun als Ergebnis nicht die inkonsistente Situation stehen muss, sondern der umgekehrte Fall, die konsistente Situation.

Der entscheidendste Unterschied zum Initialereignis besteht jedoch hinsichtlich eines anderen Sachverhalts: Dem Tilgungsereignis muss im Normalfall ja konstitutiv ein Initialereignis vorangehen, wodurch den einzelnen Tilgungsereignisarten abhängig von der jeweiligen Initialereignisart unterschiedliche Bedeutung zukommt. So ist beispielsweise die Behebung der inkonsistenten Situation durch eine Grenzüberschreitung nach Ereignisinitiierung ebenfalls durch Grenzüberschreitung als *Rückkehr in den Ursprungsraum* anzusehen, bei Ereignisinitiierung durch Merkmalsveränderung jedoch als *Berufung in den Gegenraum* zu interpretieren.

Doch so unterschiedlich die Funktion bei ein und derselben Tilgungsart abhängig von der Ereignisinitiierung auch sein mag, so unabhängig von der Ereignisinitiierung ist dann doch die einzelne Tilgungsart hinsichtlich der semantischen Grundfunktionen für den auf narrativer Ebene verhandelten Diskurs der Basisparadigmen. Bezüglich dieser Basisparadigmen ist eine ereignishafte Situation, wie bereits beschrieben, nichts anderes

als eine Konfrontation der entsprechenden oppositionellen Paradigmen, sodass die Art der Behebung des ereignishaften Zustands auch eine generelle Grundaussage über die Beschaffenheit der Basisparadigmen machen muss, und zwar unabhängig davon, wie im konkreten Fall die jeweilige Tilgungsart zusätzlich semantisiert, attributiert wird.
Merkmalsveränderung und Metaereignis müssen demnach als die Durchsetzung des jeweiligen Merkmals verstanden werden: beim ersten als die Durchsetzung der Merkmale der Figur, beim zweiten als die des Raumes. Die Ereignistilgung durch Grenzüberschreitung hingegen lässt die Frage nach der Dominanz der jeweiligen Merkmale offen. Deren Beantwortung hängt dann gänzlich von der konkreten Situation ab.

Kausale Anschlussanalyse

Wenn auch das Kriterium der Kausalität in Lotmans Theorie keine Rolle spielt,[22] so scheint eine Erweiterung um diesen Faktor bei einer auf semantische Erkenntnis ausgerichteten Analyse der narrativen Strukturen trotzdem angebracht.
Diese Erweiterung ist nicht dazu gedacht, die Ereignisdefinition oder damit zusammenhängende Phänomene einer Veränderung zu unterziehen, sondern soll insofern Verwendung finden, als dass im Anschluss an die Rekonstruktion und Analyse der narrativen Strukturen die Analyse der kausalen Zusammenhänge der Behebung der inkonsistenten Situation erfolgen soll.
Die Erweiterung um ein derartiges Vorgehen bietet sich geradezu an, wenn bedacht wird, dass es sich bei der Ebene der inkonsistenten Situation um den Ort des eigentlichen Diskurses des jeweiligen Textes handelt. Da die kausalen Zusammenhänge im Normalfall aber nicht direkt resp. explizit fassbar sind, heißt das, dass diese indirekt rekonstruiert werden müssen, konkret also durch die Analyse von Figurenkonstellation, Figurenkonzeption, Zeitkonzeption, Raumkonstellation, Dramaturgie

[22] Vgl. dazu und allgemein zur Rolle der Kausalität in narrativen Theorien Grimm 1996, S. 174f und Borstnar 2002, S. 162f.

etc. Anders gesagt bedeutet dies, dass die Analyse der Kausal-Ebene gleichzeitig auch die Erweiterung der bis dahin (erzählsemantischen) Analyse zu einer vollwertigen (semantischen) Textanalyse ermöglicht. Gegenüber einer solchen aber hat sie den Vorteil, dass die Betrachtung der anderen Ebenen nunmehr gesteuert und dadurch effizienter betrieben werden kann.

2. Analysen

Im nun folgenden praktischen, textanalytischen Teil sollen wie angekündigt Serie, Neuverfilmung und Roman nacheinander und auch voneinander getrennt betrachtet werden.
Die Rekonstruktion der jeweiligen Textaussagen teilt sich dabei in eine Analyse der narrativen Struktur und eine daran anschließende Analyse der kausalen Zusammenhänge der inkonsistenten Situationen auf.
Diesbezüglich müssen noch zwei Anmerkungen gemacht werden: Erstens die Tatsache, dass bei der Analyse der narrativen Struktur diese nicht systematisch erfolgt, sondern anhand der in der Reihenfolge der im *Discours* mitgeteilten Informationen rekonstruiert und analysiert wird. Neben dem Vorteil einer größeren Textnähe hat diese Vorgehensweise, da die für die narrative Struktur relevanten Inhalte der Romanhandlung miterfasst werden müssen, auch den Vorteil, eine Inhaltsangabe des entsprechenden Textes anbieten zu können.
Zweitens muss angemerkt werden, dass aufgrund der durch die Textgattung *Serie* vorgegebenen Besonderheiten die narrative Analyse in zwei Teile gegliedert ist. Zudem unterscheidet sich die Betrachtung der Serie von der des Romans und der Neuverfilmung auch darin, dass auf die Analyse ihrer narrativen Struktur keine Analyse der kausalen Zusammenhänge folgt. Eingegangen wird darauf erst in einem späteren Kapitel.[23] Dies hat jedoch seinen Grund nicht in der Textgattung Serie, sondern in einer Besonderheit des Textes selbst; mehr dazu jedoch erst an entsprechender Stelle.

[23] Kapitel 3.1.2

2.1 Roman (1963)

2.1.1 Analyse der narrativen Struktur

Ereignisinitiierung I

Den Anfang des (Binnen-)Discours bildet die Bewegung von vier Figuren aus einem Raum in einen anderen: Im Jahre 2500 brechen Professor Antelle, sein Assistent Levain und der Journalist Ulysse Mérou zusammen mit dem Schimpansenmännchen Hector zu einer interstellaren Reise auf (vgl. S. 11ff).[24] Ihr Ziel ist ein zunächst nicht näher bestimmter Planet des anvisierten Sonnensystems Beteigeuze.

Dass es sich dabei um eine Grenzüberschreitung im Lotmanschen Sinne handelt, d.h. beide Räume oppositionell zueinander semantisierte Räume darstellen, wird bei der Landung auf dem fremden Planeten deutlich. Dort finden die vier Erdlinge nämlich eine im Vergleich zur Erde umgekehrte Ordnung vor. Die Menschen dieses Planeten ‚hausen' in Nestern, leben in Herden und verständigen sich mittels unartikulierbarer tierähnlicher Laute (vgl. S. 24ff), während die Affen – die über diesen Planeten herrschende Art – in Städten leben und sowohl des Sprechens als auch des Schreibens mächtig sind (vgl. S. 43ff).

Die Oppositionalität besteht also hinsichtlich der jeweils unterschiedlichen Stellung zweier Figurengruppen und der unterschiedlichen figurenspezifischen Merkmalszuweisung: ‚vernunftbegabte Menschen' und ‚nicht-vernunftbegabte Affen' auf der einen Seite, ‚nicht-vernunftbegabte Menschen' und ‚vernunftbegabte Affen' auf der anderen. Ausgehend von

[24] Zitiert wird nach der überarbeiteten deutschen Übersetzung von Alexandra und Gerhard Baumrucker in Boulle, Pierre: [*La planète des singes*, 1963] *Planet der Affen*, München: Heyne 2001. Die Veränderungen gegenüber der Originalübersetzung sind zahlreich, beschränken sich aber meistens auf den Austausch von einzelnen Wörtern durch Synonyme.

der den jeweiligen Raum dominierenden Art stellt der fremde Planet somit einen ‚Planeten der Affen', die Erde folglich einen ‚Planeten der Menschen' dar. Die vier Figuren stehen aufgrund ihrer räumlichen Bewegung – ihrer Grenzüberschreitung – in Opposition zu ihrem momentanen Aufenthaltsraum: Die Menschen wegen ihrer ‚Vernunftbegabtheit', der mitgebrachte Affe hingegen wegen des Fehlens eben dieser Eigenschaft.

Ereignistilgung I

Die Behebung dieser ereignishaften Situation, die Lösung des damit entstandenen Konfliktes, steht nun im Fokus der weiteren Erzählung, wobei die Ereignistilgung nicht auf einmal, sondern sukzessive, Figur für Figur, erfolgt. Nicht nur als Gruppe stehen diese ja in Opposition zur Ordnung des Raumes, sondern jeder Einzelne erzeugt für sich eine ereignishafte Situation: (1) Als Erstes nimmt der Text die Tilgung von Hectors Grenzüberschreitung vor, und zwar durch Tilgung Hectors. Die Menschen des Affenplaneten nutzen nämlich die erste Gelegenheit zur Tötung des Schimpansen (vgl. S. 29). (2) Danach ist Professor Antelles Assistent, der junge, hagere Levain, an der Reihe; auch ihn ereilt das gleiche Schicksal. Nur sind diesmal nicht die Menschen dieses Planeten, sondern die Affen für die Behebung der durch ihn verursachten Inkonsistenz verantwortlich. Sie töten ihn bei einer ihrer Treibjagden auf die Menschen (vgl. S. 47). (3) Professor Antelle dagegen überlebt und passt sich seinem neuen Aufenthaltsraum an: Er entwickelt sich auf das Niveau der auf dem Affenplaneten lebenden Menschen zurück und lebt fortan zusammen mit einem jungen Menschenmädchen im städtischen Zoo auf dem Evolutionsniveau von Tieren (vgl. S. 130f). Die Ereignistilgung geht in diesem Fall also mit einer Merkmalsveränderung einher, dem so genannten Aufgehen im Gegenraum. (4) Auch Ulysse gerät in äffische Gefangenschaft, landet aber statt im Zoo in einem Labor, wo ihm die Kontaktaufnahme mit der dortigen Ärztin, der Schimpansin Zira, gelingt (vgl. S. 57ff). Zusammen mit ihr und ihrem Verlobten Cornelius schafft er es, von der Affenzivilisation in seiner Andersartigkeit akzeptiert zu werden und wird gar als gleichberechtigtes Mitglied in diese integriert (vgl. S. 125ff).

Diese Integration ist freilich, wie sich im Folgenden herausstellen wird, nicht nur eine scheinbare, sondern muss eine scheinbare sein. Vor dem Hintergrund der Semantisierung beider Räume mit einer jeweils unterschiedlichen Merkmalszuweisung an die beiden Figurengruppen ist eine Integration auf Basis des Beibehaltens des zum Raum oppositionellen Merkmals ja konstitutiv nicht möglich.[25] Im Text selbst wird dies erst dann offensichtlich, wenn ein weiteres – das entscheidende – Merkmal des Affenplaneten und des ganzen Textes überhaupt aufgedeckt wird.

Ereignisinitiierung II

Mit dem Fund einer sprechenden Menschenpuppe (vgl. S. 143) wird deutlich, dass dem Affenplaneten in der Vergangenheit eine zur Erde analoge Ordnung zu eigen war: Auch die Menschen dieses Planeten wohnten einst in Städten, konnten denken, sprechen und schreiben, während der Affe bloß ein wildes Tier des Dschungels war. Unbestimmte Zeit später fand eine Transformation der zur Erde analogen Ordnung in die dazu oppositionelle statt (vgl. S. 143).

Da es sich bei der Zuweisung der Merkmale an beide Arten um die die

[25] Diese Zugehörigkeit zum ‚anderen Lager' vermag nämlich zu keinem Zeitpunkt eine Behebung des ‚narrativen' Konflikts dieser Welt zu leisten. Es handelt sich hierbei um keine Grenzüberschreitung des Protagonisten. Aufgrund der paradigmatischen Grundordnung des Textes, deren Kern eine figurengruppengebundene Merkmalszuweisung ist, kann eine Konfliktlösung auf eine derartige Weise nicht stattfinden; denn Ulysse bleibt letztendlich immer ein Mensch und diese biologische Zugehörigkeit ist nicht änderbar. (Der Konflikt kann also nur durch Ulysses Annahme der in diesem Raum menschenspezifischen Merkmale (= Aufgehen im fremden Raum) oder durch die Annahme seiner Merkmale durch die ganze Figurengruppe des Raumes (= Änderung der Raumordnung) erfolgen.) Gerade die Existenz dieser elementaren unüberschreitbaren Grenze äußert sich in der Abschiedsszene Ulysses mit Zira: „Wir wollen uns küssen wie zwei Liebende, da zuckt sie instinktiv zurück und stößt mich von sich. [...] Und dann erklärt dieses abscheuliche Affenwesen, von verzweifeltem Schluchzen geschüttelt: ‚Es tut mir Leid, aber ich kann nicht, ich kann nicht. Alles hat seine Grenzen! Schließlich bist du ja nur ein Mensch!'" (S. 183).

Semantisierung beider Räume konstituierenden Elemente handelt, liegt hier eine Veränderung der statischen Grundordnung des Textes vor. Von einem Metaereignis kann jedoch nicht automatisch gesprochen werden. Wie im elementaren theoretischen Teil beschrieben, zeichnet sich ein Metaereignis im eigentlichen Sinne durch zwei Merkmale aus: zum einen durch die Transformation der Merkmale eines semantisierten Raumes, die Änderung der Semantisierung, d.h. der Füllung des betreffenden Raumes, zum anderen dadurch, dass mit dieser Transformation der Raumsemantisierung eine ereignishafte Situation initiiert oder behoben wird, dass also eine Figur nicht mehr oder gerade erst jetzt in Opposition zu ihrem Aufenthaltsraum steht.[26]

Im konkret vorliegenden Fall ist es jedoch so, dass man zwar von einer Transformation der Raumsemantisierung sprechen kann, mit dieser jedoch keine ereignishafte Situation einhergeht oder behoben wird,[27] (im strengen Sinne) auch nicht von einem Ereignis resp. einem Metaereignis die Rede sein dürfte.

Der Fall erweist sich jedoch als kompliziert. Zwar kann tatsächlich keine mit der Ordnungstransformation unmittelbar einhergehende inkonsistente Situation festgestellt werden, doch ist sie nichtsdestotrotz unabdingbar für die Existenz der durch den Raumwechsel der vier Erdlinge entstandenen inkonsistenten Situation. Hätte dieser Systemwandel, die Transformation der Semantik auf Soror, nicht stattgefunden, wären beide Räume – Soror und Erde – im Besitz der gleichen semantischen Ordnung, würde es sich bei Soror und Erde nicht um oppositionell zueinander semantisierte Räume handeln, die Bewegung der vier Erdlinge folglich nur eine räumlich-topographische darstellen und keine narrative mit einer ereignishaften Situation verbundene. Mittelbar geht mit der in der

[26] Aufgrund von letzterem stellt das Metaereignis einen Bestandteil der dynamischen Ebene dar; aufgrund von ersterem ist es Teil der statischen Ebene. Grenzüberschreitung oder Merkmalsveränderung sind dagegen eindeutig nur einer Ebene zuzuordnen – der dynamischen. Sie verändern die statische Ebene, die Ordnung und Relation der Basisparadigmen, nicht, weder in ereignisinitiierender noch in ereignistilgender Funktion.

[27] Womit diese Transformation auch logischerweise ein Bestandteil der statischen aber nicht der dynamischen Ebene wäre.

Vergangenheit liegenden Ordnungstransformation also sehr wohl eine Inkonsistenz einher, handelt es sich bei ihr also durchaus um ein als Metaereignis zu bezeichnendes und einzustufendes Phänomen.[28]

Ereignistilgung II

Die Existenz dieser Ordnungstransformation hat jedoch neben den oben geschilderten narrativen[29] auch semantisch-intentionale Auswirkungen.
Mit dem Wissen um dieses Metaereignis wird auch Ulysse klar, dass seine Integration, sein Zusammenleben mit den Affen, nicht möglich ist, weshalb er auch die Herrschaft der Affen nun wieder als Abweichung auffasst (vgl. S. 148-155). Sein Ziel ist nicht mehr nur die bloße Tilgung der vorhandenen Inkonsistenz, sondern die Tilgung durch ein Metaereignis, also die Wiederherstellung der früheren – zu seiner Ordnung analogen – Ordnung auf Soror. Deutlich wird dies insbesondere, wenn der Protagonist von Novas Schwangerschaft – seiner ehemaligen Zellen- und ‚Bettgenossin' – erfährt: „Es könnte eine neue Menschenrasse heranwachsen, die... In diesem Moment wird mir klar, wie sich meine Mission am ehesten durchführen lässt" (S. 159).
Die Affen ahnen aber, dass Ulysse „auf diesem Planeten ein neues Geschlecht gründen" (S. 179) könnte. Nicht nur betrachten sie die Geburt von Ulysses und Novas Kind „als eine große Bedrohung für [ihre] Rasse" (S. 179),[30] sondern haben auch Angst, „dass [sein] Beispiel einen Aufstand unter den Menschen hervorrufen könnte" (S. 179). In der Tat bemerken sie „eine ungewöhnliche Nervosität bei denjenigen, mit denen [Ulysse] Umgang" (S. 179) hat, was nicht nur eine Paranoia der Affen

[28] Gleiches gilt auch für die dazu analoge Ordnungstransformation auf der Erde (siehe weiter unten). Erst der dort stattgefundene Wandel führt dazu, dass Ulysses Rückkehr in diesen Raum eine inkonsistente Situation darstellt. Ohne eine solche hätte seine Bewegung mit der Ankunft auf der Erde dort ihren Endpunkt gefunden. So aber ist eine erneute Lösung einer inkonsistenten Situation nötig, die durch neuerliche Flucht, d.h. durch das Verlassen des Planeten Erde, erfolgt.

[29] D.h. die Tatsache, dass ohne eine solche Transformation bei der Ankunft der Erdenmenschen keine Inkonsistenz bestehen würde.

[30] Vgl. auch S. 161ff.

darstellt, da auch Ulysse diese Beobachtungen selbst machen konnte (vgl. S. 179).

Eine derartige Metatilgung des durch Ulysses Ankunft auf dem Planeten entstandenen Konflikts wollen die Affen jedoch nicht zulassen. Ihr Ziel ist es, Ulysse und seinen ‚Anhang' in den Zustand aller Soror-Menschen zu versetzen; das semantische Gegenteil des Metaereignisses also, die Merkmalsveränderung der konfliktverursachenden Figur bzw. ein dementsprechendes Äquivalent. So beabsichtigen sie zunächst, seinen Sohn „in eine Art Festung [zu] bringen [und] unter Aufsicht von Orang-Utans" (S. 179) zu stellen und selbiges – da er „für zu gefährlich" (S. 179) gehalten wird „um [ihn] weiter in Freiheit zu belassen" (S. 179) – mit Ulysse zu tun. Später wird gar die Ermordung von Ulysse, Nova und ihrem gemeinsamem Kind ins Auge gefasst (vgl. S. 180).[31]

Letztendlich misslingen jedoch beide Varianten und realisiert wird auf Initiative von Cornelius und Zira die dritte Art der Behebung einer ereignishaften, durch Grenzüberschreitung initiierten Situation: Die ‚Rückkehr in den Ursprungsraum' (Erde) und damit die Flucht vom Affenplaneten (vgl. S. 177ff). Vom Ergebnis her gesehen stellt dies aber keinen Unterschied zu dem eigentlich intendierten Plan der Affen dar, da das gegenwärtige System in diesem Raum so oder so erhalten bleibt. Und genau das ist das Entscheidende: das Ausbleiben des intendierten Plans Ulysses, das Ausbleiben des Metaereignisses. Die Folge davon ist nämlich die Gleiche wie die von Juri M. Lotman formulierte für sujetlose, also ereignislose, Texte: „Sujetlose Texte haben einen deutlich klassifikatorischen Charakter; sie bestätigen eine bestimmte Welt und deren Organisation."[32]

Bei ihrer Ankunft auf der um „sieben- bis achthundert Jahre" (S. 14) gealterten Erde machen die drei Reisenden jedoch eine schreckliche Entdeckung:

> ...und [der Offizier] ist endlich zu erkennen. Nova schreit markerschütternd auf, entreißt mir den Kleinen, flüchtet mit ihm in den Schutz des Beibootes, während ich wie festgenagelt dastehe, zu keinem Wort und

[31] Was dann vom Ergebnis her vergleichbar ist mit dem „Aufgehen im fremden Raum" (Renner 2004, S. 373).

[32] Lotman 1993, S. 336.

keiner Bewegung fähig. Es ist ein Gorilla. (S. 187f)

Daraus ist zu schließen, dass während Ulysses Reise auf der Erde dieselbe Ordnungstransformation wie auf dem Affenplaneten stattgefunden hat.[33] Die Rückkehr in den Ausgangsraum stellt damit aber nicht nur die Tilgung seiner ersten Grenzüberschreitung und damit die Behebung der inkonsistenten Situation, sondern gleichzeitig auch die Initiierung einer neuen inkonsistenten Situation dar. Behoben wird diese wiederum durch Flucht, also durch eine neuerliche Grenzüberschreitung. Ulysse steigt postwendend in sein Raumschiff und fliegt zurück in den Weltraum.

Doch seine Suche nach einem zu seiner Ordnung analogen Raum ist, wie die Rahmenhandlung zeigt, erfolglos (vgl. S. 7-11; 188). Was ihm übrig bleibt, ist das Niederschreiben seiner Erlebnisse auf dem Affenplaneten, die er dann mittels Flaschenpost im All der Nachwelt anvertraut (vgl. S. 9-11).

Etliche Jahrhunderte oder Jahrtausende[34] später wird diese von einem im Weltraum bummelnden Affenpärchen gefunden und gelesen (vgl. S. 9). Das Abtun der Existenz eines zivilisierten und vernunftbegabten Menschen ins Reich der Fantasie zeigt zudem, dass überall im Universum, nicht nur auf Soror und Erde, ein analoger Systemwechsel vonstatten gegangen ist; überall also der Affe den vormaligen Platz des Menschen eingenommen hat.

2.1.2 Analyse der kausalen Zusammenhänge

Die endgültige Behebung der durch Ulysses Anwesenheit verursachten inkonsistenten Situation auf dem Planeten Soror erfolgt, wie bereits er-

[33] Wie schon beim analogen Systemwandel auf dem Planeten Soror zu sehen war, handelt es sich auch hierbei um eine als Metaereignis einstufbare Ordnungstransformation. Nur aufgrund dieser erzeugt Ulysses Rückkehr zur Erde die dargestellte inkonsistente Situation zwischen Raum und Figur.

[34] Dies wird im Text offen gelassen.

wähnt, durch Verlassen des Raumes und Rückkehr in seinen Ursprungsraum Erde – durch eine neuerliche Grenzüberschreitung also.
Doch geht es nicht um eine beliebige Tilgung des ereignishaften Zustandes, sondern um die Frage nach der Möglichkeit der Tilgung durch ein Metaereignis, die Möglichkeit eines so genannten Metametaereignisses also; und damit um die Frage, ob es den Menschen dieses Planeten gelingt, wieder in einen vernunftbegabten, zivilisatorischen Zustand zurückzugelangen. Wie die Ansätze bei einigen der Soror-Menschen deutlich machen, wird eine dahingehende Transformation und damit verbunden die Tilgung des ereignishaften Zustandes durch ein Metametaereignis, auch wenn sie letztlich nicht realisiert wird, als eine Möglichkeit gesetzt: Sowohl Ulysse als auch die Affen machen nämlich die Beobachtung, dass bei den Soror-Menschen, mit denen Ulysse Umgang pflegt, ein ‚Aufflackern von Intelligenz, von Geist' vor sich geht; und Nova gelingt sogar über den Zwischenschritt einer Zeichensprache und dem Nachsprechen von Wörtern (vgl. S. 185) die Erlernung der Sprache (vgl. S. 186). In Verbindung mit ihrer Fürsorge für ihren Sohn (vgl. S. 185) und der veränderten Mimik (vgl. S. 176) nimmt Nova die zum Raum des Affenplaneten oppositionelle Merkmalsmenge an: Sie gelangt aus dem Zustand einer tierischen zu der einer menschlichen Existenz.
Die Rückkehr der Soror-Menschheit in den ursprünglichen vernunftbegabten, zivilisatorischen Zustand würde – wie der Text anhand der Reaktionen der Affen auf Novas Schwangerschaft und die Veränderungen bei den anderen Soror-Menschen zeigt – notwendigerweise auch die Wiederherstellung der umgekehrten Herrschaftsverhältnisse nach sich ziehen. Dies scheitert jedoch zuallererst und offensichtlich an Ulysse, und zwar konkret an seinem Verhalten. Obwohl er sich seiner Wirkung auf die Soror-Menschen und damit seiner Rolle für die Soror-Menschheit bewusst ist, zieht er dennoch die Flucht und die sentimentalische Rettung seiner ‚kleinen Familie' vor, womit er – wie er selbst feststellt – zu einem „Deserteur“ (S. 182) wird.
Die Tatsache, dass das Metametaereignis durch Ulysses Flucht verhindert wird, zeigt jedoch auch, dass die Soror-Menschen eines solchen Ka-

talysators bedürfen. Nur bei den Soror-Menschen, die mit Ulysse resp. seinem Kind in Kontakt standen, ist auch eine Veränderung hin zu ‚Vernunftbegabtheit / Zivilisation' feststellbar. Dieser Kausalnexus wird dabei vom Text stets explizit dargebracht. Immer wenn von einer diesbezüglichen Veränderung die Rede ist, wird auf Ulysses Nähe resp. die seines Sohnes verwiesen. So heißt es:

> Man bemerkt bereits eine ungewöhnliche Nervosität bei denjenigen mit denen Sie [= Ulysse; Anm. P.K.] Umgang haben. (S. 179)

oder

> Nova erträgt die Reise recht gut. Und sie wird immer klüger. Die Rolle als Mutter hat sie verändert. Sie bringt ganze Stunden damit zu, ihren Sohn zufrieden zu betrachten, der ein besserer Lehrer für sie ist als ich. Sie spricht beinahe fehlerfrei die Worte nach, die er ihr vorsagt. (S. 185)[35]

Andere Gründe werden hingegen kategorisch ausgeschlossen: So wird eine von Natur aus größere Begabung bei Nova im Vergleich zu den anderen Soror-Menschen explizit verneint und der größere Lernfortschritt allein auf das Mehr an Umgang mit dem Protagonisten zurückgeführt (vgl. S. 137). Deutlich wird also, dass das, was den Soror-Menschen fehlt, der eigene Wille zum intrinsischen Vollzug der Transformation hin zu einem sprechenden, denkenden Wesen ist.

Woran es den Menschen mangelt, das besitzen die Affen im Überfluss. Ganz im Gegenteil zu den Menschen zeichnen sie sich durch einen unbändigen Willen zur Aktion, zum Handeln aus. So sind sie nicht gewillt, einer Reinstallierung einer menschlichen Zivilisation und dem eigenen Verlust der Herrschaft über den Planeten tatenlos zuzusehen; sie sind notfalls sogar zum Äußersten, dem Mord an Ulysse und seiner Familie, bereit. Besonders gut beobachten lässt sich dieser Unterschied am Beispiel von Cornelius. Auch er handelt, wie es die Affenzivilisation tut: Er ist es nämlich, der die Flucht der dreiköpfigen Familie organisiert und

[35] Oder auch folgende Stelle, an der die Abhängigkeit der Entwicklung der Soror-Menschen von Ulysse besonders deutlich wird: „Alle Soror-Menschen habe ich ihrem unwürdigen Schicksal nicht entreißen können, doch bei Nova ist es mir geglückt" (S. 186).

auch umsetzt (vgl. S. 179ff). Mag dies oberflächlich gesehen dem Handeln der anderen Affen entgegengesetzt erscheinen, so gleicht es, wie oben bereits geschildert, der Intention aller Soror-Affen: Cornelius bewahrt durch Ulysses Verschwindenlassen die bestehende äffische Herrschaft vor dem Niedergang. Kulminativ deutlich wird dies in seinem an Ulysse gerichteten Satz: „Wir sind nicht hier, um zu jammern, sondern um zu handeln" (S. 179). Lässt sich aus dem Nichtzustandekommen des Metametaereignisses diese Eigenschaft als Ursache für das Bestehen der Affenherrschaft nur indirekt entnehmen, so wird sie aus dem Grund für das Zustandekommen jener Ordnung, d.h. der Art und Weise des Metaereignisses auf Soror, direkt ersichtlich.

In geheimen Experimenten gelingt es dem jungen Wissenschaftler Helius „nicht nur das individuelle, sondern [auch] das kollektive Unbewusste [der Menschen] zu erwecken" (S. 170) und damit hinter das eigentliche Geheimnis des Affenplaneten zu gelangen. Demnach begann alles damit, dass die Menschen auf Soror versuchten, Affen zu zähmen und als Hausangestellte zu nutzen (vgl. S. 170). Die den Affen aber eingeräumten Freiheiten führten dazu, dass sie „immer frecher" (S. 170) wurden, sich über ihre Herren, die Menschen, lustig machten und sich auflehnten (vgl. S. 170f). Über weitere Entwicklungsstationen, wie dem Erlernen des Sprechens und das gegenseitige Unterrichten, kam es letztendlich zur ‚Vertreibung' der Menschen aus ihren eigenen Häusern und Städten (vgl. S. 170ff).

Entscheidend ist dabei jedoch nicht die bloße Tat, sondern der Verlauf der Vertreibung: Diese geschah nämlich nicht unter Gewaltanwendung, sondern durch einen quasi freiwilligen Rückzug der Menschen. Hierzu die Aussage einer „verängstigte[n] Frau" (S. 171):

> Da ich ihn weder zu schelten noch zu bestrafen wagte, versuchte ich es mit gutem Zureden. Doch er hat sich nur umso mehr herausgenommen. Schließlich habe ich alles aufgegeben und mich in den Wald geflüchtet, gemeinsam mit anderen Frauen, die dasselbe erlebt haben wie ich. Auch Männer sind hier, viele von ihnen nicht mutiger als wir. (S. 172)

Dies stellt keine Vertreibung im eigentlichen Sinne dar, sondern vielmehr eine resignative Selbstaufgabe des Menschen. So ergreift eine andere

Figur, eine Zirkus-Dompteuse, nicht einmal die Flucht. Sie gibt sich mit den neuen Bedingungen einfach zufrieden:

> Nun bin ich es, die in ihrem Käfig [= dem der Affen; Anm. P.K.] sitzt, zusammen mit anderen Artisten [...]. Ich füge mich ihren Launen ohne Widerspruch [...]. Ich bin nicht unzufrieden. Die meisten von uns finden sich mit ihren Verhältnissen ab. (S. 173)

Auch der Grund dieser Resignation wird mitgeteilt:

> Geistige Trägheit breitet sich unter den Menschen aus. Keine Bücher mehr, sogar Kriminalromane strengen das Gehirn zu sehr an, und nicht einmal so etwas kindisches wie das Kino kann uns mehr reizen. (S. 171)

Der Untergang der menschlichen und die Entstehung der Affenzivilisation war damit kein Akt der Revolution, sondern ein Akt der Evolution. Diese zentrale Tatsache wird auch von Ulysse in Form einer rhetorischen Frage bekräftigt: „Hatte sich eine Menschheit, die sich so ohne weiteres aufgab, nicht tatsächlich überlebt, musste sie nicht einer edleren Rasse weichen?“ (S. 173). Ganz explizit wird hier der Grund des Metaereignisses auf dem Planeten Soror ausgesprochen: Das ‚Sich-Selbst-Überleben’ der Menschheit. Von der Selbstaufgabe der Menschen war es dann nur noch ein kleiner Schritt zum tierischen Dasein: Sie schämten sich „und sprachen kaum ein Wort miteinander“ (S. 172). Die Affen übernahmen dagegen die leeren Städte und vertrieben auch die letzten Menschen in ihrer Umgebung, die „hauptsächlich aus Trägheit hier geblieben“ (S. 174) waren. Jedoch kamen die Affen nicht wie erwartet mit Waffen, sondern mit schwingenden Peitschen (vgl. S. 174). Die Menschheit brachte es nämlich nicht fertig, sich zum Widerstand aufzuraffen (vgl. S. 174). Gerade dieses Bild des peitschenschwingenden Affen und der zum Widerstand unfähigen und unwilligen Menschen zeigt in aller Deutlichkeit das evolutionäre ‚Sich-Überleben’ der Menschheit. Diese war so schwach und „degeneriert“ (S. 160), dass die Affen kaum Gewalt anwenden mussten, um sie zu vertreiben, es reichte aus, sie wie Tiere mit Peitschenschlägen in die Flucht zu jagen; ein eindeutiger Hinweis, dass sie im Begriff waren „in den tierischen Urzustand“ (S. 164) zurückzusinken, den sie letztlich auch erreichten.

Dieser fehlende Wille zur Wehrhaftigkeit, zur Aktion, und der damit als Konsequenz einhergehende evolutionäre Niedergang ist nicht nur den Soror-Menschen zu eigen. Wie im letzten Kapitel erwähnt, erfährt der durch Professor Antelles Grenzüberschreitung verursachte ereignishafte Zustand seine Behebung durch ein Aufgehen im Gegenraum. Der Professor, „die treibende Kraft [...] der Expedition“ (S. 114), entwickelt sich von einem „berühmten Gelehrten“ (S. 114) zu einem Tier zurück: „Nichts an ihm ließ darauf schließen, dass er ein geistig hoch stehendes Wesen war“ (S. 114): Er weist nun auch die gleichen tierischen Merkmale auf wie alle Soror-Menschen (vgl. S. 130f). Was anfangs von Ulysse als eine Vortäuschung auf Grund großer Angst gewertet wird, entpuppt sich schnell als dauerhafter und letztlich endgültiger Zustand. (vgl. S. 177). Zwar ist diese Merkmalsveränderung gleich der aller Soror-Menschen, doch gerade deshalb ist sie von Relevanz. Bei ihm handelt es sich ja nicht um einen Soror-, sondern um einen Erden-Menschen. Explizit deutlich wird damit nämlich, dass sich Soror- und Erden-Menschen in dieser Hinsicht überhaupt nicht unterscheiden.

Schwächer, jedoch nichtsdestotrotz erkennbar, ist dies an Ulysses Verhalten, indem er sowohl von Soror als auch von der Erde flieht. Auch ihm ist dieselbe Eigenschaft zu eigen wie allen Soror-Menschen: der fehlende Wille sich zu wehren und zu kämpfen.

2.2 Serie (1974)

2.2.1 Analyse der narrativen Struktur I

Ereignisinitiierung

Drei US-amerikanische Astronauten des Jahres 1980 geraten auf ihrem Weltraumflug in Turbulenzen, werden bewusstlos und erleiden letzten Endes Schiffbruch auf einem Planeten, der von Affen beherrscht wird (vgl. Folge 1)[36]. Die dort lebenden Menschen hingegen sind die Sklaven der Affen. Entweder dient der Mensch den Affen als Arbeiter in den Städten oder die Menschen leben unter Aufsicht von Affen in ihren eigenen Dörfern und entrichten Steuern in Form von Naturalabgaben (vgl. z.B. Folge 11). Die Anwesenheit der beiden Astronauten Burke und Virdon (der dritte hat den Absturz nicht überlebt) stellt, da ihnen die Merkmale ihres nicht von Affen beherrschten Herkunftsraumes Erde zu eigen sind, eine inkonsistente Situation dar. Diese ist jedoch nicht wie von den beiden zunächst angenommen das Ergebnis einer topographischen Bewegung. Wie die Astronauten aus einer Abbildung New Yorks aus dem Jahre 2503 in einem Buch schließen können (vgl. Folge 1, Min. 19), haben sie sich nur temporal, nicht aber topographisch bewegt – befinden sich also wieder bzw. weiterhin auf der Erde; um genau zu sein auf einer um 1000 Jahre gealterten Erde; die Borduhr des Raumschiffs zeigt nämlich das Jahr 3085 an (vgl. Folge 1, Min. 25). Klar ist damit auch, dass irgendwann dazwischen (also zwischen 2503 und 3085) die Transformation der Ordnung – die Übernahme der Herrschaft durch die Affen erfolgt

[36] Bei Bezugnahmen erfolgt im Normalfall nur die Angabe der jeweiligen Nummer der Serienfolge. Genauere Stellenangaben erfolgen nur bei Bezug auf ganz konkrete Sachverhalte einer Folge. Zitiert wird in diesem Fall mit Folgennummer und Minutenangabe. Der jeweilige Titel der einzelnen Folge kann dem Literaturverzeichnis entnommen werden.

sein muss.[37]

Narrativ entspricht der Text damit dem nicht so gängigen und von der Theorie kaum untersuchten und reflektierten[38] Fall der temporal-raumsemantisierten Systeme. Von topographisch-raumsemantisierten Systemen unterscheidet sich dieser dadurch, dass die Forderung nach zwei unterschiedlichen semantisierten Räumen hier nicht in synchroner topographisch-räumlicher, sondern in diachroner temporal-räumlicher Hinsicht erfüllt wird, d.h. nicht durch das Vorhandensein von zwei topographischen Räumen mit unterschiedlicher Semantisierung, sondern durch die Existenz einer Ordnungstransformation innerhalb ein und desselben topographischen Raumes. Was sich also im Normalfall synchron räumlich abspielt, funktioniert jetzt diachron nicht-räumlich. Eine Grenzüberschreitung kommt demnach nicht mehr durch eine sich im Raum bewegende Figur zustande, sondern durch eine sich in der Zeit bewegende Figur. Und genau dies tun auch die drei Astronauten, weshalb ihre Bewegung durchaus als klassische Grenzüberschreitung anzusehen ist.

Exkurs: Temporal-semantisierte Räume

Auch wenn damit im Gegensatz zum Roman (und wie zu sehen sein wird auch zur Neuverfilmung) nicht zwei topographische Räume gegeben sind und somit die ereignishafte Situation nicht durch Bewegung der Figuren von einem topographischen Raum in den anderen zustande kommt, kann von einem Unterschied innerhalb der narrativen Struktur nicht die Rede sein. Nicht, weil es keine Unterschiede *zwischen temporal-semantisierten* und *topographisch-semantisierten Systemen* gäbe, sondern weil trotz der Existenz von zwei topographischen Räumen im Roman diesem nur vordergründig ein topographisch-semantisiertes Sy-

[37] Ebenso wie im Roman kann auch hier von einem Metaereignis die Rede sein. Denn ohne die Transformation der Ordnung in diesem Raum würde die temporale Bewegung der zwei bzw. drei Astronauten keine inkonsistente Situation herbeiführen.

[38] Einzige Ausnahme: Titzmann 1992.

stem zugrunde liegt.
Nur weil auf der Erde noch nicht und auf Soror schon die Transformation der Ordnung stattgefunden hat, verursacht die räumliche Bewegung der vier Figuren vom Raum Erde zum Raum Soror eine inkonsistente Situation, stellt also eine Grenzüberschreitung dar. Gleiches gilt für die Rückkehr des Protagonisten auf die Erde. Während seiner Zeit auf dem Planeten Soror und seiner Reise zurück zu seinem Ursprungsraum Erde kommt es zur Transformation der dortigen Ordnung zu einer Soror analogen, womit Ulysses Anwesenheit dort wiederum eine inkonsistente Situation hervorruft.
Nur innerhalb dieser Zeiträume sind die beiden Räume nicht nur topographisch, sondern auch semantisch different, kann von topographisch-semantisierten Räumen gesprochen werden. Außerhalb dieser Zeitspanne verfügen sie nicht über zueinander oppositionelle Semantisierungen, kann nur von topographischen Räumen die Rede sein; eine Raumbewegung von Figuren von der Erde zu Soror oder umgekehrt würde zu diesem Zeitpunkt keine inkonsistente Situation verursachen.
Die Voraussetzung für die Narration ist die Existenz der Ordnungstransformation in beiden Räumen; es handelt sich also auch hier im Grunde genommen nicht um topographische Raumsemantisierung, sondern um *Zeit- / Zeitraumsemantisierung.* Sowohl dieselbe inkonsistente Situation – Figur mit Merkmal A befindet sich im Raum mit Merkmal B – als auch die Herbeiführung dieser Ereignissituation durch Grenzüberschreitung wären, was außer Roman und Neuverfilmung auch alle anderen PdA-Texte tun, auch ohne topographische Differenz möglich. Die Bewegung der Figur müsste nicht einmal von räumlicher auf temporale Bewegung umgestellt werden. Es handelt sich auch so stets um eine zeitliche Bewegung: Die Reise im Raumschiff selbst dauert zwar nur jeweils zwei Jahre, doch außerhalb des sich bewegenden Raumschiffs – auf der Erde wie auf Soror – vergehen jeweils dreieinhalb Jahrhunderte.
Die Raumdifferenzierung, d.h. die Existenz von zwei verschiedenen topographischen Räumen, ist in narrativer Hinsicht im Grunde genommen völlig funktionslos und deshalb auch – wie die auf den Roman folgenden

filmischen Adaptionen zeigen – der Verzicht darauf nicht nur möglich, sondern durchaus konsequent. Die alleinige Funktion dieser topographischen Raumdifferenzierung bzw. Raumverdopplung ist nämlich eine dramaturgische: Das Hinauszögern und damit auch dramatische In-Szene-Setzen der Tatsache, dass der zur Figur des Protagonisten oppositionellen Ordnung B Ordnung A vorausging, dass es sich also nicht nur um eine oppositionelle Ordnung, sondern die eigene Ordnung ablösende Ordnung handelt; und zu eben dieser Inszenierung bedarf es eines zweiten topographischen Raumes.[39] Ohne ihn, d.h. bei einer nur temporalen Bewegung der Grenzüberschreiter, wäre mit Präsentation der abweichenden Ordnung auf der Erde automatisch auch die Tatsache der Ordnungstransformation, der Sachverhalt der Ablösung der eigenen Ordnung, klar.

Am deutlichsten ist diese Funktion der Raumverdopplung an der – hier nicht explizit behandelten – Verfilmung von 1968 / 69 zu sehen: So verzichtet diese zwar auf die Installierung eines zweiten topographischen Raumes, doch nicht auf die Inszenierung eines solchen: Die Grenzüberschreiter nehmen nämlich an, dass sie sich nicht nur temporal bewegt haben, sondern auch räumlich. In Wirklichkeit haben sie die Erde jedoch nie verlassen, was aber erst am Ende des Films dargestellt wird und den dramaturgischen Höhepunkt und Endpunkt bildet.

Dass dies für die Serie nicht gilt, sollte nicht als Gegenbeweis verstanden werden. Wie im nächsten Teilkapitel und insbesondere in den darauf folgenden zu sehen sein wird, liegt der Grund darin, dass der Transformation der Raumordnung hinsichtlich der Herrschaft der Affen nicht die gleiche narrative Relevanz zukommt, wie es in der Verfilmung, dem Roman oder der Neuverfilmung der Fall ist.

---

[39] Oder anders gesagt: Die eigentliche Grundlage der Narration, die Semantisierung von Zeit, wird durch die Inszenierung eines auf semantisiert-topographischen Räumen basierenden Systems verschleiert.

Ereignistilgung

Ganz im Sinne des Konsistenzprinzips werden gleich in der ersten Folge der Serie die Möglichkeiten zur Behebung der inkonsistenten Situation thematisiert: zunächst die Variante des Verlassens des fremden Raumes und die Rückkehr in die ursprüngliche Zeit; nach der Verhaftung und Gefangennahme der beiden Astronauten (vgl. Folge 1, Min. 26) dann auch die beiden anderen Möglichkeiten. Für ein Quasi-Aufgehen im Aufenthaltsraum, also der Tötung der beiden Grenzüberschreiter, plädieren die Affen: entweder so schnell wie möglich (so der Wille des Sicherheitschefs General Urko) oder erst nach einem langen Verhör (so der Chief-Counselor Dr. Zaius). Von den Grenzüberschreitern hingegen wird die Lösungsmöglichkeit durch eine Transformation der Ordnung, also durch ein Metaereignis ins Auge gefasst, und zwar indem sie nach ihrer Verhaftung Urko und Zaius die Frage stellen, weshalb Affe und Mensch nicht friedlich und gleichberechtigt zusammenleben könnten, handelt es sich doch bei beiden Arten um denkende, fühlende und vernunftbegabte Lebewesen (vgl. Folge 1, Min. 31).

Doch zunächst kommt es aufgrund der Differenzen zwischen Zaius und Urko hinsichtlich des weiteren Vorgehens mit den Astronauten zum gelungenen Ausbruch der beiden aus dem Gefängnis, was nicht nur zur Folge hat, dass damit die Variante A, die Behebung des ereignishaften Zustandes durch Tötung, nicht mehr möglich ist, sondern aus dem ereignishaften Duo ein Trio wird. Galen, ein junger Schimpansenaffe und Assistent von Dr. Zaius verhindert nämlich den von Urko erdachten Hinterhalt zur Tötung der beiden Menschen, worauf er selbst eingesperrt, von den beiden Astronauten aber wieder befreit wird und sich fortan mit ihnen auf der Flucht befindet (Folge 1, Min. 43ff).

Die Rückkehr in den Ursprungsraum und das Aufgehen im Gegenraum durch Tötung der Grenzüberschreiter sind von da an feste Bestandteile jeder weiteren Folge. Allein daran kann man aber auch erkennen, dass es nie zur Realisierung sowohl der einen als auch der anderen Möglichkeit der Behebung der Inkonsistenz kommt: In jeder Folge scheitern entweder die Menschen an ihrer Rückkehr oder die Affen daran, das Duo bzw. das Trio festzunehmen und zu liquidieren. Stets bleibt die Inkonsistenz bestehen. Um ein Ad-Absurdum-Führen des Konsistenzprinzips handelt es sich dennoch nicht.

2.2.2 Analyse der narrativen Struktur II

Exkurs: serielles Erzählen I

Der hier betrachtete Text ist nämlich kein ‚normaler' im engeren Sinne, sondern ein Vertreter seriellen Erzählens[40]; eine Form von Text also, die aufgrund der Art und Weise ihrer textuellen Beschaffenheit und bedingt durch sich eingebürgerte Konventionen auch durchaus anderen, seriellen, Regeln unterliegt; so auch insbesondere auf der Ebene der Narrativität, der Existenz von verschiedenen Formen von Ereignissen und ereignishaften Situationen, was auch eine Modifikation des Konsistenzprinzips nötig macht. Demnach kann von einer Konsistenz – einer relativen – schon dann gesprochen werden, wenn „bereits das zentrale Ereignis getilgt, das konstitutive aber (noch) nicht"[41] getilgt ist. Während *mit zentralem Ereignis* das gemeint ist, was hier im eingangs dargestellten theoretischen Teil bereits dargelegt wurde, hat ein *konstitutives Ereignis*

> dagegen lediglich ereignisstrukturinitiierende Funktion; es trägt die Geschichte quasi als Rahmen und hat lange Zeit Bestand. Es verlangt nicht sofort nach Auflösung bzw. nach Initiativen dafür, wie diese für das zentrale Ereignis als Problem und Generierung von Problemlösungsversuchen gilt. Über das konstitutive Ereignis wird statt dessen ein narrativer Zusammenhang, eine Kohärenz der folgenden Handlung gewährleistet und eine Klammer gebildet, insofern es erst am Ende getilgt wird.[42]

Kann das zentrale Ereignis und die damit verbundene ereignishafte Si-

---

[40] Vgl. zur Serie, seriellem Erzählen insbesondere: Krah 2009; aber auch: Bacu / Klimczak 2007; Klimczak 2007; Krah 1999b.

[41] Krah 2009.

[42] Krah 2009.

tuation als der Ort der Verhandlung der zentralen semantischen Paradigmen des Textes angesehen werden, haben das konstitutive Ereignis und die damit einhergehenden Implikationen nur nachgeordnete Bedeutung, eine sekundäre funktionale Rolle.

Konstitutives Ereignis und sekundäre Semantik

Sowohl die Jagd der Affen nach dem Trio als auch deren Suche nach einer Rückkehrmöglichkeit, also sowohl äffische als auch menschliche Bemühungen um die Ereignistilgung, erfüllen bloß sekundäre Funktionen. Sie garantieren die ständige Bewegung des Trios von einem Ort zum anderen und die damit einhergehenden neuen Aufgaben und Abenteuer:

So verliert Virdon in Folge 2 den in der ersten Folge aus dem Raumschiff geretteten Speicherchip mit den Flugdaten, sodass die Wiederbeschaffung dieses einzigen die Rückkehr in die eigene Zeit ermöglichenden Chips sie in ein Dorf verschlägt, wo der Affenpräfekt mörderische Gladiatorenspiele veranstaltet, die das Trio aber durch eigene Teilnahme an den Kämpfen zu beenden weiß.

Folge 3: Hier ist es die Möglichkeit einen Computer für jenen Chip zu finden, der sie dazu veranlasst, eine alte verlassene Stadt in einem Erdbebengebiet zu betreten. Von ihren Verfolgern dort eingeholt und umzingelt, müssen sie sich dann wieder aus der Situation befreien.

Folge 4: Die Verfolger im Nacken sowie Galens Verletzung nötigen sie dazu, auf einer von Affen bewirtschafteten Farm Unterschlupf zu suchen, wo es gilt, das Misstrauen der Familie ihnen gegenüber zu überwinden.

Folge 5: Die Suche nach vergangener menschlicher Technologie führt sie in eine von Affen kontrollierte alte Stadt, was die Verhaftung und Wiederbefreiung Galens zur Folge hat.

Folge 6: Hier gelangen die Drei auf ihrer Flucht in eine Fischerkolonie, in der sie gefangen genommen werden und sich als Fischer und Haitöter bewähren müssen.

Folge 7: Virdons auf der Flucht erlittene Schussverletzung muss ärztlich

behandelt werden, sodass die Drei auf die Hilfe von Galens früherer Liebe, einer Chirurgin, angewiesen sind. Doch müssen sie sich dazu wieder in die ‚Höhle des Löwen', die Hauptstadt der Affen, einschleichen.
Folge 8: Das Versteck bei einer menschlichen Familie macht die drei Flüchtigen unfreiwillig zu Zeugen brutaler von Affen verübter Morde. Die Opfer sind unschuldige Menschen.
Folge 9: Um das Leben des Sohnes der sie versteckt haltenden Familie zu retten, nimmt Virdon an einem für ihn riskanten Pferderennen teil.
Folge 10: Gegenstand dieser Episode ist die Gefangennahme Burkes, worauf die beiden anderen ihn wieder befreien müssen.
Folge 11: Von einem tyrannischen Affenkommandanten wird der Sohn der den Protagonisten Zuflucht bietenden Familie getötet. Durch List gelingt es den Dreien, dass der Mörder abgesetzt wird und eine Strafe verbüßen muss.
Folge 12: Das Dorf, in dem sich die Protagonisten versteckt halten, wird von einer Malariaseuche heimgesucht, worauf es von den Affen hermetisch abgeschlossen wird. Die Drei helfen den Bewohnern, indem sie ein Heilmittel finden.
Folge 13: Nach der Geiselnahme von Burke und Virdon sollen beide an die Affen ausgeliefert werden. Galens Aufgabe ist die Rettung der beiden.
Folge 14: Wieder auf der Flucht treffen sie auf einen Menschen, dem die Entwicklung eines Flugdrachen gelungen ist, was dazu führt, dass sie zusammen mit ihm in äffische Gefangenschaft geraten und sich erst wieder befreien müssen.
So unterschiedlich also die Handlung jeder einzelnen Folge auch sein mag, stets ist es die Flucht oder das Verstecken vor den sie verfolgenden Affen oder die Suche nach einer die Heimkehr ermöglichenden Technologie, die den Auslöser für das jeweilige Abenteuer darstellt. Dennoch, die Bedeutung dieser Tilgungsbemühungen ist nur eine funktionale und kommt kein einziges Mal über das Niveau eines gewöhnlichen Handlungsmovens hinaus. Dass es überhaupt nicht um die Herrschaftsverhältnisse von Affe und Mensch geht – dass diese nicht die Fo-

lie der Narration, d.h. nicht die eigentliche statische Grundordnung des Textes, sondern nur eine sekundäre funktionale, darstellt, wird insbesondere durch den Umgang des Textes mit der dritten und in der ersten Folge auch explizit angesprochenen Tilgungsvariante, der Transformation der Herrschaftsordnung, verdeutlicht.

Im Gegensatz nämlich zu der in der ersten Folge postulierten Änderung der Raumordnung von einem von Affenherrschaft und Menschenknechtschaft gekennzeichneten zu einem durch friedliches Zusammenleben und Gleichheit der Arten charakterisierten System wird diese Möglichkeit kein einziges Mal intendiert. Ganz im Gegenteil sogar: Wie auf der Handlungsebene bestimmter Folgen zu sehen ist, wird das momentan bestehende Herrschaftssystem, der Status quo, von den beiden Menschen des 20. Jahrhunderts trotz aller Systemveränderungsrhetorik zu erhalten versucht. Zwei Folgen zeigen dies in besonderem Maße: die sechste, betitelt mit *Tomorrow's tide,* und die dreizehnte, *The Liberator*.

Wie bereits beschrieben, gelangt in *Tomorrow's tide* das Trio auf seiner Flucht vor General Urko und seinen Truppen in eine abgelegene Fischerkolonie, in der die menschliche Bevölkerung zum Fischfang versklavt wurde. Da die Fische mit Speeren gefangen werden, was höchste körperliche Anstrengung erfordert, werden die zur Arbeit nicht mehr fähigen, aber nichtsdestotrotz Nahrung verbrauchenden alten Menschen von den Affen aus der Gemeinschaft ausgesondert und den Haien zum Fraß vorgeworfen. Was tut nun das sich auf der Flucht befindende Trio? Es führt Fischernetze ein, mit denen auch noch im hohen Alter bis zum natürlichen Tode Fische gefangen werden können. Dies wiederum ermöglicht dem Affenpräfekten die Einhaltung sowie Erhöhung der Fangquoten, was ihn davor bewahrt, von seinem Vorgesetzten abgesetzt zu werden. Am Verhältnis von Affe und Mensch im Dorf ändert sich hingegen nichts.

In *The Liberator* gelangt das Trio hingegen in ein von den Affen nicht direkt kontrolliertes Menschendorf; doch müssen die Bewohner jeden Monat der angrenzenden Affenkolonie fünf Menschen als Sklaven zur Verfügung stellen. Der Anführer des Menschendorfes plant jedoch diesem

Vorgehen in Bälde ein Ende zu setzen. Und nicht nur das; er möchte die Oberherrschaft dieser und aller Affen mit seinen selbst gebauten Gasbomben beseitigen. Was aber tun nun Virdon, Burke und Galen, als sie hinter seinen Plan kommen? Sie zerstören sein Waffenlager, wobei der Anführer umkommt. Zwar will auch das neue Oberhaupt des Dorfes gegen die Affen kämpfen, doch nur noch darum, dass keine Dorfbewohner mehr versklavt werden müssen. Von einem Ende der Affenherrschaft ist nicht mehr die Rede. Auch hier wird das System erhalten, nicht gewandelt, oder gar das alte – die Herrschaft der Menschen – wieder hergestellt.

Mögen sowohl was die Radikalität des Gegenstandes als auch die Dominanz des Themas in den dargestellten Geschichten angeht diese beiden Folgen die krassesten Fälle sein, so sind auch in anderen Episoden Versatzstücke solcher Systembewahrungshandlungen zu finden. So beispielsweise in Folge 11, *The Tyrent*, in der das Trio den Vater der Familie, bei der es Unterschlupf gefunden hat, daran hindert, am Mörder seines Sohnes, einem Gorillapräfekten, Rache zu üben. Wie bereits gesagt, wenden sie eine List an, sodass der Mörder innerhalb des Systems sein Amt und nicht sein Leben verliert.

Wenn nun aber das Hierarchieverhältnis zwischen Affe und Mensch nicht die Inkonsistenz des Textes bedingt, wenn es sich bei der Jagd der Affen auf das Trio und die Absicht der Astronauten zurück in den Ursprungsraum zu gelangen nicht um echte Ereignistilgungsbemühungen handelt, was ist dann der eigentliche Verhandlungsgegenstand, das Thema der Serie?

Exkurs: Serielles Erzählen II

Die Beantwortung dieser Frage wird möglich bzw. einfacher möglich, wenn nochmals Krahs Ausführungen zum seriellen Erzählen, insbesondere der dortige Typologisierungsversuch, betrachtet wird. Demnach zeichnen sich alle Formen seriellen Erzählens, bis auf das so genannte *Sequel* und die *Reihe* – also die *Serie i.e.S.*, die *Telenovela*, die *Sitcom*, der *Mehrteiler*, die *Endlosserie* usf. – dadurch aus, dass jeder Folge das gleiche *Weltmodell* zugrunde liegt.

Wenn man nun wüsste, dass es sich bei der PdA-Serie um eine dieser Formen des seriellen Erzählens handelt, dann könnte man ihr Weltmodell einfach dadurch bestimmen, dass man nach der größten semantischen Gemeinsamkeit aller vierzehn Folgen fragt. Im Anschluss daran könnte man dann der Frage nachgehen, ob vor dem Hintergrund dieses gemeinsamen semantischen Nenners, des Weltmodells, Konsistenzveränderungen, d.h. Grenzüberschreitungen, Merkmalsveränderungen oder Metaereignisse, stattfinden, bzw. ob das Weltmodell Resultat solcher ist. Dies jedoch kann man nicht wissen, denn nur weil die PdA-Serie in der Alltagswelt als Serie bezeichnet wird, heißt das ja nicht, dass sie dem entspricht, was wissenschaftlich als Serie bezeichnet wird und die einzelnen PdA-Folgen nicht doch ein Verbund von Sequels darstellen oder eine so genannte Reihe bilden. Doch auch wenn man dies nicht weiß, stellt dies kein Problem dar, da man niemals a priori wissen kann, ob dieser oder jener Verbund von Folgen sich dadurch auszeichnet, dass in jeder dieser Folgen das gleiche Weltmodell vorhanden ist. Man muss bei der Analyse einer konkreten Folge einfach annehmen, dass dies zutrifft, und am konkreten Text schauen, ob diese Annahme verifiziert werden kann oder falsifiziert werden muss.

Zentrales Ereignis und primäre Semantik

Und tatsächlich, so heterogen die einzelnen Folgen und die darin erzählten Geschichten zunächst auch erscheinen mögen bzw. tatsächlich auch sind, eine Gemeinsamkeit ist dann doch allen inne: die Tätigkeit des Helfens. In jeder Folge bedarf jemand der Hilfe bzw. wird Hilfe gewährt; und das nicht nur einmal, sondern häufig sogar mehrere Male pro Episode:

Folge 1: Durch sein mutiges Einschreiten vereitelt Galen den Hinterhalt auf die beiden Astronauten und rettet ihnen damit das Leben. Diese wiederum bewahren ihn vor dem Tod, indem sie ihn aus dem Gefängnis befreien.

Folge 2: Hier greifen Virdon und Burke beherzt in einen Zweikampf ein, schenken einem Gladiator, anstatt ihn zu töten, das Leben und erfahren selbst Unterstützung und Hilfe von dessen Sohn.
Folge 3: In dieser Episode eilen Galen und Virdon dem durch ein Erdbeben verschütteten Burke und dem mit ihm in der Falle sitzenden General Urko zu Hilfe. Dessen Adjutant wiederum rettet ihnen am Ende der Folge das Leben.
Folge 4: Burke und Virdon riskieren Kopf und Kragen, indem sie Galen helfen, sich auf der Farm einer äffischen Bauernfamilie zu verstecken, wo sich Galen auskurieren kann. Darüber hinaus greifen sie der Affenfamilie bei der Bewirtschaftung des Hofes unter die Arme und sind insbesondere bei der Geburt zweier Kälber behilflich. Die Affenfamilie gewährt ihnen im Gegenzug die Möglichkeit, auf ihrem Hof unterzutauchen.
Folge 5: Virdon bietet zwei herumlungernden Menschen, einer Frau und einem Jungen, Hilfe an. Sie revanchieren sich, indem sie ihn verstecken bzw. aus dem Gefängnis befreien.
Folge 6: Neben der eingangs erfolgten Rettung eines alten Mannes vor Haien führen die drei Protagonisten Fischernetze ein und verhindern damit den Mord an zahlreichen alten Fischern.
Folge 7 beginnt damit, dass Virdon angeschossen wird, worauf Galen, um ihn nicht sterben zu lassen, die Kontaktaufnahme mit seiner früheren Liebe, einer Chirurgin in Central City, riskiert. Sie verarztet Virdon und auch der Chefarzt der Klinik weiß zweimal, einmal durch sein medizinisches Fachwissen, das andere Mal, indem er General Urko durch eine List am Durchsuchen der Klinik hindert, den Tod Virdons bzw. den aller drei Flüchtigen abzuwenden.
In Folge 8 assistieren die drei Flüchtigen bei der Gefangennahme einer Menschen jagenden und tötenden Affenbande; außerdem retten sie das Leben einer blinden Schimpansin und erhalten im Gegenzug dazu tatkräftige Unterstützung von ihrem Onkel.
Folge 9: Indem er ihm auf illegalem Wege ein Heilmittel besorgt, rettet der Sohn der Familie, bei denen die Drei Unterschlupf gefunden haben, dem von einem Skorpion gebissenen Galen das Leben. Die Protagoni-

sten wenden wiederum Gefahr von dem Jungen ab, indem sie an einem riskanten Pferderennen teilnehmen. Zu guter Letzt hilft auch noch der Affenpräfekt, indem er Sohn und Vater nach seiner Versetzung mitnimmt und sie so vor einer sicheren Bestrafung durch die anderen Affen bewahrt.

Folge 10: Diese Episode schildert Burkes Gefangennahme durch die Affen. Virdon und Galen retten ihn. Tatkräftig unterstützt werden sie dabei von Galens Eltern: Sie verstecken die beiden und helfen ihnen beim Überlisten der Affentruppen.

In Folge 11 helfen Galen, Virdon und Burke dem Vater eines ermordeten Kindes dabei, eine Bestrafung des Mörders durchzusetzen.

Folge 12 zeigt die Rettung eines ganzen Menschendorfes vor der Malaria durch das Trio. Der für die Bekämpfung der Krankheit eigentlich zuständige Affenarzt wiederum deckt sie und bewahrt durch seine Patronage auch das Dorf vor General Urkos Übereifer, der es niederbrennen lassen möchte.

Folge 13: Zu Beginn rettet das Trio einen von Affen verfolgten Menschen, bewahrt anschließend eine junge flüchtige Frau vor dem Opfertod und verarztet die tiefe Schnittwunde des Sohnes des Anführers, von welchem die drei später selbst Hilfe erfahren, indem er sie aus dem Gefängnis fliehen lässt.

Folge 14: Neben der Errettung des Flugdrachenerfinders setzt sich das Trio für den Erhalt der Affenregierung ein, der die Auslöschung durch einen fanatischen Schimpansen droht.

Wenn damit in jeder Folge auch ausnahmslos Handlungen im Zentrum stehen, die als ‚Hilfe / Hilfeleistungen' subsumierbar und kategorisierbar sind, so ist es aber nicht der Fall, dass sie sich voneinander nicht unterscheiden würden. Recht eindeutig lassen sich unter ihnen zwei Gruppen ausmachen: Zum einen die bedingungslosen Hilfeleistungen, die von Anfang an, quasi a priori, gewährt werden und jene, die erst in einem Prozess zustande kommen, also a posteriori zum Tragen kommen.

Zu Hilfeleistungen erster Kategorie müssen alle diesbezüglichen Handlungen des sich auf der Flucht befindlichen Trios gerechnet werden. Das fängt schon in der ersten Folge an: Galen rettet durch sein Eingreifen das Leben von Burke und Virdon, ohne daraus einen Vorteil zu ziehen; und Burke und Virdon retten anschließend seines unter Gefährdung ihres eigenen. Explizit nicht, weil sie ihm etwas schuldig wären, sondern weil dies eine Sache der Selbstverständlichkeit ist (vgl. Folge 1, Min. 44); und so handeln die Drei dann auch in jeder weiteren Folge. Dass sie stets um des Helfens Willen eingreifen, wird, wenn auch nicht explizit durch eine der Figuren artikuliert, daran deutlich, dass sie meist zu Beginn einer Folge ihre Hilfe leisten, d.h. einem Fremden in einem fremden Raum behilflich sind: So z. B. in der zweiten Folge, wo sie zwischen die beiden kämpfenden Männer gehen, oder in der sechsten, in der die Rettung des den Haien zum Fraß vorgeworfenen Alten ebenfalls in der ersten Szene und ‚ganz per Zufall' stattfindet. Gleiches gilt auch für Folge dreizehn und vierzehn. In der dreizehnten retten sie den vor den Affen flüchtenden Menschen ohne zu wissen, wer er ist und welche Vorgeschichte er hat. In der vierzehnten ist es die Hilfe für den Erfinder des Flugdrachens. Auch dies geschieht sogleich in der ersten gezeigten Szene.

Hilfeleistungen erster Kategorie werden abgesehen vom Trio, das diese in jeder Folge leistet, nur noch in Folge 7, 10 und 11 getätigt. Und das immer von Freunden oder Familienmitgliedern Galens, die diese Hilfe ihm oder seinen Freunden Burke und Virdon zukommen lassen. So erklärt sich Galens ehemalige Verlobte Dr. Kira trotz hoher Risiken und obwohl sie dem ganzen Unterfangen skeptisch gegenübersteht sofort dazu bereit, Galen und seinem Freund den Gefallen zu tun. Nur dadurch gelingt Virdons Rettung. In Folge 10 ist es Burke, der Hilfe benötigt: Er wurde von den Affen gefangen genommen und in eine medizinische Versuchsanstalt in die Hauptstadt der Affen gebracht. Auch in diesem Fall wendet sich Galen an ‚alte Bekannte' – seine Eltern. Obwohl der Sohn quasi ein straffälliger Verbrecher geworden ist, helfen sowohl Mutter als auch Vater unter hohem persönlichem Risiko. Der Vater setzt seinen neuen Posten als Mitglied der obersten Affenbehörde, die Mutter sogar ihr Leben aufs Spiel, da sie die beiden nicht nur versteckt, sondern ihnen auch bei Burkes Befreiung unter die Arme greift. Selbst in der nachfolgenden Episode zögert Galens Cousin, der Präfekt einer Siedlung, als Galen ihn um Hilfe für seine Freunde bittet, keineswegs. Allein, er wird seines Amtes enthoben, ehe er helfen kann.

Alle anderen gewähren ihre Hilfe nicht so selbstverständlich und auch nicht auf der Stelle – ganz im Gegenteil. Sie zeichnen sich allesamt zunächst durch Misstrauen bis hin zu Feindseligkeit, zumindest gegenüber den drei Flüchtigen, wenn nicht gar gegenüber allen ihren Mitmenschen bzw. ‚Mitaffen', aus. Erst nach einem teils langwierigen und oftmals im Mittelpunkt der jeweiligen Folge stehenden Prozess sind auch sie dazu bereit, Hilfe zu leisten.

Wie bereits mehrfach beschrieben, greifen Burke und Virdon gleich zu Beginn der zweiten Folge der Serie in einen Kampf zwischen zwei Männern ein. Es stellt sich jedoch heraus, dass es sich um Vater und Sohn handelt, zwei Gladiatoren des Präfekten, die nur trainiert haben. Gegenüber den in der Zwischenzeit gefangen genommenen Neuankömmlingen sind beide misstrauisch und treten auch im Kampf gegen sie an; erst nachdem Virdon das Leben des Vaters in der Arena verschont, ändert der Sohn seine Haltung gegenüber dem Trio und hilft Galen und Virdon den noch im Gefängnis sitzenden Burke zu befreien.

Auch in Folge drei ist es ein langer Weg, bis der Adjutant Urkos den Dreien das Leben rettet. Zunächst verfolgt er mit General Urko und weiteren Affentruppen die drei Flüchtigen und will sie wie sein Chef gefangen nehmen resp. umbringen. Erst nachdem Galen und Virdon nicht nur dem verschütteten Burke, sondern auch dem ebenfalls verschütteten Urko das Leben retten, ringt er sich durch, die Drei freizulassen, entgegen des Befehles, sie zu töten.

Die äffische Farmerfamilie in Folge 4, die die Drei zunächst nur widerwillig und voller Misstrauen aufnimmt, lässt sich nur nach langem Zögern auf die Protagonisten ein und das auch nur, weil Galen schwer verletzt ist. Erst Burkes und Virdons tatkräftige Unterstützung bei der Arbeit auf der Farm veranlasst sie, die Neuankömmlinge vor Urkos Truppen aktiv zu schützen und zu verstecken. Insbesondere beim ältesten Sohn ist der Wandel signifikant. Nicht nur möchte er von Anfang an weder Galen, noch Burke und Virdon aufnehmen, auch verrät er den Verfolgern, dass die drei auf der Farm seines Vaters untergetaucht sind. Erst die Rettung der beiden Kälber seiner werfenden Kuh durch Virdon ändert seine Meinung und es ist dann letztendlich seinem Handeln zu verdanken, dass Urkos Truppen von der Durchsuchung des Hofes ablassen und das Trio nicht ausgeliefert oder gar getötet wird.

Auch in der darauf folgenden Episode, der fünften, ist es ein langer Transformationsprozess bis der mit Virdon eingesperrte Junge ihm schlussendlich zur Flucht aus der Zelle verhilft. Er war es nämlich, der ihn in diese Situation überhaupt gebracht hatte. Als Virdon vor den Affen floh, verriet der Junge dessen Versteck und auch danach ließ er sich von den Affen als Spion in dieselbe Zelle schleusen. Erst durch die von Burke erfahrene Fürsorge wechselt der Junge die Seiten.

Ähnlich ist auch die Entwicklung des Chefarztes in der siebten Folge: Will er, nachdem er erfährt, dass es sich beim verletzten Virdon um einen der gesuchten Flüchtlinge handelt, die Hilfsaktion sofort abbrechen, trägt er später, da er Vertrauen zu den Dreien gewonnen hat, maßgeblich dazu bei, Virdon das Leben zu retten und bewahrt schließlich auch die anderen (Burke, Galen, Dr. Kira) davor, in Urkos Hände zu gelangen.

Bevor in der achten Folge der Onkel des blinden Schimpansenmädchens durch seine öffentliche Aussage bzw. sein Geständnis Burke und Virdon davor bewahrt, von der wahllos Menschen mordenden Affenbande getötet zu werden, bedurfte es der vorausgehenden Rettung seiner Nichte durch Burke. Davor hätte auch er nicht gezögert, die beiden zu ermorden, immerhin ist er ja Mitglied dieser Bande. Erst die persönlich erfahrene Fürsorge eines Menschen für sein Mündel verändert seine Einstellung zu Menschen im Allgemeinen und zu Burke und Virdon im Besonderen.

Auch in der neunten Folge ist es jenes Vertrauenfassen zur anderen Art, das die Hilfeleistung ermöglicht. Der Unterschied liegt allein darin, dass es diesmal ein Mensch, der Junge des Schmiedes, ist, der Freundschaft

mit Galen schließt und ihn deshalb vor dem Tode bewahrt.
In der zwölften Folge betrifft es hingegen wieder einen Affen. Anfangs auf sein ärztliches Kommando erpicht, setzt sich der äffische Chefarzt für Burkes und Virdons Vorgehen bei der Bekämpfung der Malaria und gegen Urkos Pläne ein und rettet damit ein ganzes Dorf vor der Vernichtung.
Einen krassen Wandel zeigt die 13. Folge: Derjenige Mensch, der dem Trio die Flucht aus ihren Zellen ermöglicht, war auch derjenige, der sie gefangen nahm, sie also in diese Situation brachte. Erst nachdem Burke als Gefangener dessen tiefe Schnittwunde verarztet und ihm auf diese Weise heilt, baut er so großes Vertrauen zum Trio auf, dass er ihnen seine als Sklavin für die Affen ausgewählte Verlobte anvertraut und sie mit ihnen fliehen lässt.
An dieser Aufzählung kann man sehen, dass sämtliche dieser Figuren am Ende eines Transformationsprozesses das tun, was die Figuren der ersten Kategorie ohne einen solchen Prozess bedingungslos von Anfang an machen, nämlich zu helfen. Sie sind damit letztendlich zu dem geworden, was die anderen schon von Anfang an waren: Freunde. Darüber hinaus sind sie quasi zu Ersatzfamilienmitgliedern geworden. Galen artikuliert dies explizit. Als dieser in Folge sieben seine ehemalige Verlobte Dr. Kira um Hilfe für den angeschossenen Virdon bittet, antwortet er auf ihre Frage „And to help you, I must help them?" (Min. 8) mit einem schlichten, doch damit umso bedeutsameren „They are my brothers now" (Min. 8). Was also abgesehen von den drei Folgen, in denen Freundschaften bzw. familiäre Bünde bereits existieren, immer wieder aufs Neue gezeigt wird, ist der durch vertrauenschaffende Maßnahmen, insbesondere durch Hilfe und Fürsorge, erreichte Gewinn von Freunden.
Raumsemantisch modelliert heißt dies also, dass die drei Freunde Folge für Folge in einen Raum der ‚Nicht-Freundschaft' eindringen, dadurch eine inkonsistente Situation verursachen, die dann aber durch ein Metaereignis, eine Transformation der Ordnung zu einem Raum der ‚Freundschaft', behoben wird. Deutlich zu sehen ist daran auch die nur funktionale Rolle der Verfolger. Sie zwingen das Trio den von ihnen konsistent

gemachten Raum zu verlassen und einen neuen aufzusuchen, sodass auch in der nächsten Folge Ereignisinitiierung und Ereignistilgung vonstatten gehen können.
Die Unterordnung der auf der Hierarchie von Affe und Mensch basierenden Raumsemantik gegenüber der von ‚Freundschaft / Familie' vs. ‚Nicht-Freundschaft / Nicht-Familie' wird aber auch hinsichtlich der anderen vermeintlichen Inkonsistenztilgungsart, den Bemühungen zurück zur Erde zu gelangen, deutlich. Diese wird nämlich einerseits nur bis zur fünften Folge unternommen (danach kein einziges Mal mehr wieder) und andererseits verfolgt nur Virdon, nicht aber Burke die Absicht, auf die Erde des 20. Jahrhunderts zurückzukehren. Vor dem Hintergrund einer im Hierarchieverhältnis von Affe und Mensch basierenden Raumsemantik ergibt beides keinen Sinn. Auch Burke kommt wie Virdon aus einer Zeit umgekehrter Hierarchieverhältnisse und eine Änderung dieser ist weder nach der fünften Folge noch überhaupt auszumachen. Vor dem Hintergrund eines mit ‚Freundschaft' und ‚Familie' und ihrer Negationen semantisierten Raumsystems hingegen ist sowohl das eine als auch das andere sinnvoll. Burke hat im Gegensatz zu Virdon keine Familie im 20. Jahrhundert hinterlassen. Er braucht nicht zurückzukehren. Seine Abwesenheit auf der Erde und sein hiesiger Aufenthalt verursachen keine Inkonsistenz. Und die Tatsache, dass nach einer gewissen Zeit auch Virdon von dem Ziel der Rückkehr ablässt, ist nur konsequent, da sie Folge für Folge immer mehr Freundschaften schließen und Familienäquivalente finden. Dass die Suche nach einer Rückkehrmöglichkeit auf die Erde dabei gerade in der fünften Folge endet, ist zudem mehr als signifikant. In dieser Folge installiert sich Virdon während seiner Zellenhaft mit der jungen Frau und dem Jungen nämlich tatsächlich so etwas wie eine Ersatzfamilie. Während die Frau das Essen zubereitet, kümmert sich Virdon als Vater bzw. Quasi-Vater um die moralische Erziehung des Jungen, wobei er ihm bezeichnenderweise eine ambivalente Ideologie zugedeihen lässt: Liebevolle Fürsorge, freundschaftliches Verhältnis gibt es nur gepaart mit klaren hierarchischen Grenzen. Nicht nur, dass dies durchaus den Idealvorstellungen der zeitgenössischen 70er, vor allem in

den USA entspricht;[43] es zeigt auch, dass Freundschaft eben nicht Gleichheit bedeutet, was noch einmal die Überordnung der einen Inkonsistenzlösung über die andere bezeugt (‚Freundschaft schaffen' vs. ‚Gleichheit schaffen' und damit die Semantik der Räume ‚Freundschaft' vs. ‚Nicht-Freundschaft' gegenüber ‚Affenherrschaft' vs. ‚Nicht-Affenherrschaft').

Als eine Art rückblickende Metadiskussion über all diese Sachverhalte kann ein Wortwechsel zwischen Galen, Virdon und Burke am Anfang der dreizehnten Folge angesehen werden:

> Galen: I think I can hear the sound of running water. There used to be this running brook. It was right behind the house I lived in, in Central City.
>
> Burke: You better can it, little chimp, you're gonna be crying in a minute.
>
> Galen: I know, but I can't help it sometimes.
>
> Virdon: I'm with you, Galen. Pete, if you've developed a vaccine against memories, give me a shot of it.
>
> Burke: Of course, I've got a patented cure. If you lose one home you try to find another one, preferably among friendly natives who are about, so tall, and round in the right places.
>
> (Folge 13, Min. 4)

Als Heilmittel gegen die Erinnerung an zu Hause, und das bedeutet in Virdons Fall Erinnerung an seine Familie, empfiehlt Burke, sich ein neues Zuhause unter neuen Freunden einzurichten; und genau dies tun ja die Protagonisten unaufhörlich von Folge zur Folge.

[43] Vgl. dazu das Kapitel 3.1.2 dieser Studie.

2.3 Neuverfilmung (2001)

2.3.1 Analyse der narrativen Struktur

Ereignisinitiierung I

Der auf der Weltraumstation Oberon stationierte Offizier Captain Leo Davidson gerät bei dem Versuch, seinen Flugschüler, ein kleines Schimpansenmännchen, zu retten, in einen sowohl eine Zeit- wie auch Raumverzerrung verursachenden[44] „elektromagnetische[n] Sturm“ (Min. 7). Leo wird damit durch Zeit und Raum ‚geschleudert' und muss auf einem ihm unbekannten Planeten notlanden, wobei seine Raumkapsel in einem See versinkt (vgl. Min. 14f).

Wie bereits die erste darauf folgende Szene zeigt, handelt es sich bei seiner temporal-topographischen Bewegung tatsächlich um eine Grenzüberschreitung im Sinne Lotmans. Über diesen Planeten herrscht nämlich der Affe, wohingegen der Mensch sich entweder in entlegenen Gebieten versteckt hält oder ein den Affen dienender Sklave ist. Die Affen sind einer Sprache mächtig, bewohnen eigene, an ihre Bedürfnisse angepasste Städte (vgl. Min. 18ff), tragen Kleidung (vgl. Min. 15ff) und verfügen sogar über ein eigenes Staatswesen einschließlich stehenden Heers (vgl. insb. Min. 28ff) sowie einer eigenen – keine geringe Rolle

[44] Während die Zeitverzerrung mehrmals explizit angesprochen (vgl. Min. 7f / 13) und visualisiert wird, ist die Raumverzerrung nur implizit greifbar: Die Oberon befand sich im Sonnensystem der Erde (vgl. Min. 5); der Affenplanet ist dagegen im Besitz von zwei Monden (vgl. Min. 59), wodurch die Erde als dieser Planet nicht mehr in Frage kommt und damit auch nicht ihr Sonnensystem, in dem die Erde den einzigen bewohnbaren Planeten darstellt. Außerdem weist der Tagebucheintrag des Commanders der Raumstation nach dem Absturz „Wir haben keinerlei Funkverbindung mehr seit unserer Bruchlandung und dieser Planet ist unerforscht...“(Min. 73) darauf hin, dass sich der Planet außerhalb des dem Menschen bekannten Raums befindet, was gleichzeitig bedeutet, dass der magnetische Sturm als Verursacher dieser Situation neben der Zeit auch den Raum 'verzerrt'.

spielenden – Religion.[45]

Leos Anwesenheit auf dem Planeten erzeugt damit eine inkonsistente Situation, die im Sinne des Konsistenzprinzips behoben werden muss. Und genau dies steht im Mittelpunkt aller weiteren Darlegungen des Films.

Ereignistilgung I

> Ich glaube, man kann das ruhig feindseliges Gebiet nennen. Ich hab` genau 36 Stunden, um meine Freunde zu treffen, dann bin ich raus aus diesem Albtraum. (Min. 48f)

Diese Aussage Leos macht klar, dass auch er seinen Aufenthalt in diesem Raum als inkonsistent empfindet und dass er diese Situation durch Verlassen des Raumes, durch Rückkehr in seinen Ursprungsraum, beheben möchte.

Alle Aktionen bis zum Auffinden seiner ehemaligen Raumstation müssen damit als in diesem Sinne motiviert betrachtet werden: die Kontaktaufnahme mit der Äffin Ari (vgl. Min. 25), die Flucht aus dem Haus ihres Vaters und die gleichzeitige Mitnahme Daenas (vgl. Min. 35), die Überredung Aris zur Fluchthilfe (vgl. Min. 41f), der Marsch zur Absturzstelle (vgl. Min. 44f), das Bergen des Messengers zwecks Bestimmung der Position der Oberon (vgl. Min. 46ff) und natürlich auch der Aufbruch zum Schiff (vgl. Min. 48ff).[46]

Doch anstatt seine Mannschaft zu treffen, findet er nur das Wrack seiner ehemaligen Raumstation Oberon, die mittlerweile Jahrhunderte alten Ruinen von Calima, wieder (vgl. Min. 69f). Mit Hilfe der dort noch abrufbaren Tagebucheintragungen gelingt es ihm, die Umstände des Absturzes der Station sowie den Grund der Existenz der auf diesem Planeten

---

[45] Vgl. dazu den religiösen Eifer mancher Affen. So setzt beispielsweise der Adjutant des Generals Thade, Attar, mit roher Gewalt ein Gebet vor Beginn der Mahlzeit durch (vgl. Min. 32).

[46] Bis dahin wurde die Oberon als Raumstation bezeichnet, ab dieser Stelle jedoch größtenteils als Schiff (Min. 48). Dies kann offensichtlich nur die Funktion haben, die Fähigkeit der Weltraumstation auch auf Planeten landen zu können, zu verdeutlichen. Beide Ausdrücke werden im Folgenden synonym gebraucht.

bestehenden Ordnung zu rekonstruieren (vgl. Min. 72f).

Ereignisinitiierung II

Wie aus dem ersten Eintrag entnommen werden kann, wurde genauso wie Leo auch die Raumstation Oberon samt der Besatzung vom elektromagnetischen Sturm erfasst und durch Raum und Zeit ‚geschleudert' (vgl. Min. 73). Auch sie kamen auf dem gleichen Planeten an, mit dem Unterschied jedoch, dass dies schon hunderte Jahre vor Leos Bruchlandung geschah – in umgekehrter chronologischer Reihenfolge also. Der zweiten Videoaufzeichnung kann man entnehmen, dass die Oberon ebenfalls bruchlanden musste und die Mannschaft somit auf diesem unbekannten und unbewohnten Planeten (vgl. Min. 73) gefangen war. Ein zuvor vorgenommener gentechnischer Eingriff an den Affen ermöglichte den sich auf der Raumstation befindlichen Affen einen Sprung in der Evolution – Zitat: „Die Affen, die wir mitgebracht haben, haben uns viel geholfen. Sie sind viel stärker und viel intelligenter als wir es uns je vorgestellt haben" (Min. 73).

Doch eines Tages – das geht aus der dritten Tonaufzeichnung hervor – kommt es zum Aufstand der ehemaligen Helfer:

> Die Affen sind nicht mehr unter unserer Kontrolle. Ein Männchen namens Semos, das ich selbst aufzog, hat sich zum Anführer der Gruppe gemacht. Wir haben Waffen, aber ich weiß nicht, wie lange wir noch durchhalten können. (Min. 73)

Wie das laute hammerartige Schlagen im Hintergrund dieser Aufzeichnung verdeutlicht, sitzen die Menschen ‚in der Falle'. Als diese Geräusche dann aufhören, sind nur noch Schreie zu vernehmen; kurz darauf bricht die Aufzeichnung ab. Die eingeschlossene Menschengruppe wurde von den Affen also getötet. Da Semos, der Anführer dieses Aufstandes, von den jetzigen Affen als ihr Staatsgründer verehrt wird, kann gefolgert werden, dass die Herrschaft der Affen auf dem Planeten die direkte Folge dieser gewaltsamen Erhebung gewesen ist.

Ereignistilgung II

Da die Oberon nun aber nur noch ein altes Wrack ist, ist auch die intendierte Rückkehr in den Ausgangsraum nicht mehr möglich. Resigniert beabsichtigt Leo sich dann auch den Affen zu stellen.

Die sich vor den Affen versteckt haltenden Menschen haben jedoch von der Ankunft des Fremdlings gehört und kommen, damit er sie in den Kampf gegen die Affen führt und sie von der Knechtschaft befreit. Nach anfänglichem Zögern übernimmt Leo das Kommando und mit der gewonnenen Schlacht kommt es dann tatsächlich zur „Veränderung der Welt" (vgl. Min. 103f), d.h. zur Änderung der Raumordnung. Diese – so zumindest wird es von den Figuren propagiert – sieht nun so aus, dass Mensch und Affe gleichberechtigt nebeneinander und miteinander leben sollen (vgl. Min. 102f), was also der Installierung einer neuen Ordnung entsprechen würde.

In der Tat aber geht – wie entsprechende Handlungsweisen von Affe und Mensch am Ende der Schlachtkampfszenen zeigen – mit der gewonnenen Schlacht die Wiederherstellung der alten Ordnung, die Herrschaft des Menschen, einher und damit die Lösung des Konflikts durch Metametaereignis.

Mitten im Kampfgeschehen landet der vormals von Leo trainierte kleine Schimpanse (vgl. Min. 93f). Wie der Protagonist und die Oberon ist auch er im elektromagnetischen Sturm durch Raum und Zeit ‚gereist'. Als er nun von Thade, dem Affengeneral, verletzt wird, ist zu sehen, dass er sich augenblicklich in einen der Käfige der zerstörten Raumstation, zurückzieht (vgl. Min. 96f). Das mag auf den ersten Blick zwar nicht verwundern, handelt es sich bei ihm doch um einen Vertreter der früheren Affen; außerdem sieht er als ehemaliger Bewohner der Raumstation die Käfige der Raumstation notwendigerweise als seinen eigentlichen Aufenthaltsraum an.[47] Doch allein die starke Fokussierung des Vorgangs bis in das Innere des Käfigs weist auf ‚mehr' Bedeutung hin.

Und tatsächlich ist er nicht der einzige Affe, der den Schutz eines von Menschen gebauten Tierkäfigs in Anspruch nimmt. Auch Limbo ver-

[47] Vgl. dazu die Affen auf der noch intakten Oberon (Min. 5f).

kriecht sich in einem Käfig und das, obwohl er ja genuin ein Vertreter der modernen Affenzivilisation ist (vgl. Min. 97). Hinzu kommt, dass gerade er es ist, der in seiner Funktion als Menschenhändler Menschen in Käfige sperrt (vgl. Min. 21f) und über die Vorstellung „Affen in Käfigen“ (Min. 54) bis dato nur müde lächeln und ungläubig den Kopf schütteln konnte (vgl. Min. 54). Aber selbst der große Anführer der Affen und direkte Nachfahre des Begründers der Affenzivilisation wird zeichenhaft in einen ‚Käfig' eingesperrt: Indem Leo die Glastür des Kommandoraums schließt, ist kein Entrinnen für Thade mehr möglich (vgl. Min. 99f). Dabei weist sein wild gewordenes Herumspringen und -schießen zudem eine starke Analogie zum Gebaren der Affen in den Käfigen der noch intakten Oberon auf (vgl. Min. 5f). Als er sich endlich beruhigt hat, verkriecht er sich – obwohl schon eingeschlossen – unter dem Armaturenbrett der Raumschiffkonsole und schafft sich somit noch zusätzlich einen eigenen Käfig (vgl. Min. 99f).

Was aber hat der Mensch getan? Den einen Affen eingesperrt und zwei weitere aus ihren Käfigen herausgeholt. Damit werden vom Film durch die Mittel der Rekurrenz und Fokussierung ganz eindeutige Zuordnungen vorgenommen: Der Mensch als Herr über die Käfige ist wieder Herrschender und die Affen sind wieder Tiere, die sich instinktiv dahin schutzsuchend zurückziehen oder notfalls auch eingesperrt werden müssen. Die Hierarchie von Mensch und Affe ist damit wieder hergestellt; trotz aller Postulierung von Gleichheit und Ähnlichem.[48]

Dass es sich nicht um die Installierung einer neuen Ordnung, sondern um die Reinstallierung der früheren Ordnung handelt, ist auch an einem anderen Detail gut zu sehen. Leos kleiner Schimpansenschüler, also ein Affe der Generation vor dem ersten Metaereignis, kann problemlos auf diesem Planeten verbleiben, eben deshalb, weil er mit seinen ihm inhärenten Merkmalen keinen Widerspruch zur neuen alten Ordnung hervorruft.

---

[48] Markanterweise spricht Leo nicht von ‚gleichberechtigtem', sondern ‚friedlichem' Zusammenleben.

Problem der Inkohärenz bezüglich der narrativen Struktur

Gleiches müsste eigentlich auch für Leo gelten. Ein Konflikt zwischen ihm und dem Raum ist nicht mehr gegeben. Er aber nutzt die Raumkapsel des Schimpansen, um den Planeten doch noch Richtung Erde zu verlassen (vgl. Min. 103f).[49] Und nicht nur das; nach seiner Landung auf der Erde muss er feststellen, dass diese nun von sprechenden und intelligenten Affen bewohnt wird (vgl. Min. 15ff).

Damit jedoch ist nach dem Konsistenzprinzip nicht nur ein unnötiger Raumwechsel vollzogen worden, sondern auch noch eine neue inkonsistente Situation entstanden, die dadurch, dass der Film an genau dieser Stelle endet, auch nicht im Sinne von Renners Prinzip in eine konsistente Situation überführt wird.

Diese Inkohärenzen hinsichtlich der narrativen Struktur sind jedoch nur scheinbare, doch bedarf es zu ihrer Auflösung der vom Text bis dahin aufgebauten ideologischen Aussagen; heißt also der Betrachtung des nächsten Kapitels und damit der kausalen Zusammenhänge bezüglich der Lösung der inkonsistenten Situation auf dem Affenplaneten.[50]

---

[49] Wozu er in den Weltraum abhebt und sich vom elektromagnetischen Sturm nochmals erfassen lässt, der ihn wiederum durch Raum und Zeit ‚schleudert', ihn diesmal aber in die Vergangenheit und ins Sonnensystem der Erde bringt.

[50] Die Neuverfilmung wirft jedoch nicht nur hinsichtlich der Nichterfüllung des Konsistenzprinzips, sondern auch in allgemein-logischer Hinsicht ein paar schwierige Fragen auf. (1) Wie hat es auf der Erde zu einem Metaereignis kommen können, wenn Leo, wie anhand des Technikstandes der nun dargestellten Welt zu schließen ist (vgl. den technischen Stand von Automobilen, Hubschraubern und Schusswaffen), in eine Zeit noch vor seiner ersten Grenzüberschreitung, in der also definitiv kein Metaereignis auf der Erde stattgefunden hat (vgl. Leos ‚Postkarte' von der Erde: Min. 6f), reist? (2) Wie soll es möglich sein, dass der gerade auf dem Affenplaneten besiegte Thade nun im Washington D.C. der Erde als Denkmal anstelle von Abraham Lincoln thront und zudem als ‚Retter des Planeten' tituliert wird (vgl. Min. 108)? Unter Hinzunahme der vom Text aufgebauten Ideologie lässt sich zwar sowohl das eine als auch das andere textaussagelogisch erklären bzw. funktionalisieren, doch handlungslogisch auflösen lässt es sich nicht.

2.3.2 Analyse der kausalen Zusammenhänge

Die Überlegenheit des Menschen

Die durch den Protagonisten verursachte Inkonsistenz auf dem so genannten Affenplaneten wurde durch ein Metametaereignis, also der Wiederherstellung der ursprünglichen Ordnung, behoben. Möglich gemacht wurde dies durch den Sieg der Menschen über die Affen in der im Mittelpunkt des Films stehenden Feldschlacht.

So selbstverständlich aber auch das eine Ergebnis und das andere Grund des jeweils anderen ist, so wenig selbstverständlich ist der Sieg der Menschen an sich. Nicht nur die Tatsache, dass bereits im Voraus festgestellt wird, dass Leo mit den kaum bewaffneten Menschen keine Chance gegen Thades Armee habe.[51] Auch der Verlauf der Schlacht selbst stellt den Sieg der Menschen als Ergebnis dieses Kampfes eher in Frage, als dass er ihn unterstützt. Trotz eines heldenhaften Einsatzes der Menschen zeigt sich die körperliche und auch kämpferische Überlegenheit der Affen. So fallen der Reihe nach auch Leos engste Gefährten und der mitten im Kampfgetümmel stattfindende Zweikampf zwischen ihm und dem Anführer der Affen, General Thade, lässt keinen anderen Schluss zu als den, dass den Grenzüberschreiter bald das gleiche Schicksal ereilen wird wie alle anderen Menschen. Doch just zu diesem Zeitpunkt passiert das Unerwartete.

Das von Leo trainierte und ebenfalls im selben elektromagnetischen Sturm in einer eigenen Raumkapsel verschollene Schimpansenmännchen landet mitten in der kämpfenden Menge (vgl. Min. 93). Das Kampfgetümmel erfährt damit eine Unterbrechung, die den Menschen letztendlich den Sieg bringt. Die Affen des Planeten beginnen den Schimpansen nämlich als den heimgekehrten Messias zu verehren und sind damit außer Gefecht gesetzt (vgl. Min. 95f). Auch Leo bekommt damit eine neue Chance gegen Thade, den er nun mit List doch noch zu besiegen weiß (vgl. Min. 99). Die Funktion des jungen Schimpansen als eine Art ‚Deus

[51] Krull zu Leo: „Leo! Du weißt, dass du Thades Armee nicht besiegen kannst!“ (Min. 64)

ex Machina', der die überraschende Wendung im Kampf bringt, scheint isoliert betrachtet nicht von großer Relevanz zu sein. Letztendlich aber stellt dies die Konsequenz der vom Text bis dahin schon aufgebauten ideologischen Ordnung dar und verdeutlicht nur die gerechte Weltordnung des Textes. Da die Menschen nämlich, so wird es vom Text bis dahin gesetzt, die bessere Art sind und das aktuelle Herrschaftsverhältnis unberechtigt ist, müssen die Menschen als Gewinner hervorgehen. Notfalls eben auch mit fremder Hilfe. Alles andere wäre ja – so die Logik des Textes – ungerechtfertigt.

Die Unterlegenheit / Defizienz der Affen

Zwar gelang den Affen im Vergleich zu ihrem früheren Dasein als im Käfig gehaltene Tiere nicht nur ein beachtlicher evolutionärer, sondern auch ein zivilisatorischer Fortschritt (sie bewohnen eigene Städte, haben ein eigenes politisches System etc. entwickelt); doch im Vergleich zum Stand der Zivilisation während der Herrschaft der Menschen zeigt sich eindeutig die Mangelhaftigkeit ihres Systems. Während sich die Zivilisation unter menschlicher Führung interstellare Raumfahrt, Gentechnik und fortschrittliche Kommunikationsmittel – vgl. dazu den Stand der Zivilisation auf der Oberon – zunutze machen kann, verfügen die Affen allein über Pferdefuhrwerke und eiserne Schlag- und Stoßhandwaffen. Folglich brachten sie es nicht im Entferntesten zustande, die Errungenschaften der menschlichen Zivilisation zu übernehmen, geschweige denn weiterzuentwickeln. Auch jetzt noch im Zustand der Unterjochung und Versklavung ist, wie die Aussage von Thades Vater – die deshalb von großer Relevanz ist, weil dieser die Menschen abgrundtief hasst – beweist, die Überlegenheit der Menschen nicht anzuzweifeln:

> Was du in deiner Hand hältst (= eine Feuerschusswaffe; Anm. P.K.) ist der Beweis ihrer Stärke als Erfinder, ihrer Stärke als Techniker. Gegen das da bedeutet unsere Stärke gar nichts. (Min. 56f)

Insbesondere aber das alltägliche Gebaren revidiert das Bild einer zivilisierten Gesellschaft. Kulminiert sichtbar wird dies bei General Thade:

nicht-aufrechter Gang im Wiegetritt (vgl. Min. 22ff), Beschnüffeln anderer Affen (vgl. Min. 24), wildes hysterisches Herumspringen von Ast zu Ast (vgl. Min. 34 / 66), Ausstoßen undefinierbarer tierischer Laute (vgl. Min. 66). Zwar stellt Thade gewissermaßen den negativen Extrempunkt dar, aber vieles davon ist auch bei anderen Affen beobachtbar: Ein kleiner Gorilla-Junge demonstriert seine Stärke durch wildes Schlagen der Fäuste gegen seine Brust (vgl. Min. 21); die Kommandos von Attar an die Soldaten erfolgen durch tierisches Gebrüll (vgl. Min. 67); und gegenseitiges Anknurren tritt nicht nur bei letzterem und seinem ehemaligen Lehrer Krull in Erscheinung (vgl. Min. 64), sondern auch bei Limbo, dem Sklavenhändler (vgl. Min. 75).

Die Oberherrschaft über den Planeten kann also nicht darüber hinwegtäuschen, dass die Affen auch weiterhin nur Tiere sind[52] und sie es mit der früheren menschlichen Zivilisation in keinem Punkt, abgesehen von ihrer körperlichen Stärke, aufnehmen können.

Der Mensch als Schöpfer des Affen

Am schwersten jedoch wiegt die Tatsache, dass alles, was die Affen als Wesen auszeichnet, nur das Ergebnis menschlicher Leistung ist. Der gentechnische Eingriff des Menschen an den Affen war es nämlich, der diesen den Sprung in der Evolution ermöglichte (vgl. Min. 6). Ihre körperliche Stärke, ihr Denkvermögen, ihre Sprachfähigkeit, ihre ‚Zivilisation' etc. sind nicht aus sich selbst heraus entwickelt; kurz: der Mensch ist ihr Erschaffer / Schöpfer.

Schon zu Beginn des Films wird damit explizit eine Aussage darüber getroffen, welche die richtige Hierarchie von Mensch und Affe ist: Der Mensch als sein Schöpfer ist Herr über den Affen und dieser kann als dessen Geschöpf niemals sein Herr sein. Eine andere Ordnung ist damit

---

[52] Ein weiterer Hinweis auf ihr tierisches Dasein zeigt sich in der Verehrung der Ruinen von ‚Calima'. ‚Calima' ist jedoch nichts anderes als das Kürzel aus ‚***Ca**ution **li**ve ani**ma**ls*' (vgl. dazu die Wandinschrift, Min. 70) und weist damit nochmals auf den tierischen Ursprung und durch die noch andauernde Verehrung auch auf den jetzigen Zustand der Affen hin.

gegen die Natur und nicht existenzberechtigt.
Insbesondere Leo – immerhin der Protagonist und Grenzüberschreiter – ist dabei der, der rekurrent auf dieses Abstammungsverhältnis bzw. diesen Unterschied zwischen Mensch und Affe hinweist. Bei der Landung seines Schimpansenschülers während des Schlachtgetümmels nimmt er ihn an der Hand und sagt zwar nur zu ihm aber im Vordergrund der Tonspur: „Komm mit! Ok, erklären wir den Affen die Evolution!“ (Min. 95). Und kurz danach an alle Affen gerichtet: „Das ist hier euer Ursprung! Wir haben euch hierher gebracht“ (Min. 99).

Wenn die Affenherrschaft also widernatürlich ist und es zur Wiederherstellung des ursprünglichen Verhältnisses von Affe und Mensch kommen musste, dann stellt sich automatisch die Frage, warum es zum Wandel jenes ursprünglichen Verhältnisses, zum bei Leos Landung auf den Planeten gegebenen Zustand gekommen ist, kommen konnte. Die Informationen, die vom Text hinsichtlich des konkreten Ablaufs des Systemwandels geboten werden, erlauben zwar die Erkenntnis, dass dieser in Form eines gewalttätigen Umsturzes seitens der Affen von statten gegangen ist[53], doch lassen sich darüber hinaus – zumindest für sich alleingenommen – keine weiteren Erkenntnisse ableiten.
Vergleicht man jedoch den Zustand des Menschen vor und nach dem Metaereignis (d.h. zum einen auf der Oberon und zum anderen auf dem Affenplaneten), so fällt neben den veränderten Machtverhältnissen die Einstellung der Menschen in Bezug auf Gefahrensituationen auf. Den sich durch Furchtlosigkeit und Aufopferungsbereitschaft auszeichnenden[54] Menschen zum Zeitpunkt nach dem Metaereignis stehen die – wie

[53] Vgl. dazu die lauten Hintergrundgeräusche während dieses Tagebucheintrags. Ein hammerartiges Schlagen weist darauf hin, dass die Menschen ‚in der Falle‘ sitzen. Als diese dann aufhören, sind nur noch Schreie zu vernehmen und die Aufzeichnung bricht ab, was wiederum nur den Tod der eingeschlossenen Menschen bedeuten kann.

[54] Karobi verteidigt seine Familie und bezahlt dies bewusst mit seinem Tod (Min. 43f); der junge Birn strotzt nur so voller Tatendrang und nicht zuletzt verlassen ja sämtliche Menschen ihre sicheren Verstecke, um gegen einen übermächtigen Gegner, die Affen, zu kämpfen.

insbesondere Leos abschätzige Reaktionen deutlich machen[55] – übertrieben vorsichtigen und risikobewussten Menschen vor dem Metaereignis gegenüber: So heißt es seitens des Commanders der Oberon, als der elektromagnetische Sturm aufzieht:

> Keine bemannten Flüge, wir schicken zuerst einen Affen raus. Wenn es ungefährlich ist, reden wir über einen Piloten. In dieser Reihenfolge! (Min. 8)

Und um eben genau jene Arbeit in Stellvertreterschaft des Menschen auf Kommando verrichten zu können, wurden „die Chromosomen der Affen gentechnisch verbessert" (Min. 6). Jene gentechnische Verbesserung aber war es, die die Affen überhaupt in die Lage versetzte, einen Aufstand gegen die Menschen durchzuführen.[56] Das aber heißt nichts anderes, als dass der Mensch seine Unterjochung und Versklavung selbst verschuldet hat – seine übertriebene Vorsicht ungewollt zum genauen Gegenteil geführt hat. Jetzt aber, da die Furchtsamkeit und übermäßige Vorsicht abgelegt wurde, gibt es keinen Grund mehr, warum die falsche Ordnung weiter bestehen sollte. Die Lösung der Inkonsistenz durch Metametaereignis ist daher auch nur konsequent.

Auflösung der Inkohärenz in der narrativen Struktur

Leos Bewegung müsste mit der Systemwiederherstellung dann auch zum Erliegen kommen. Doch wie bereits erwähnt ist das nicht so. Und nicht nur das: Sein Aufbruch vom Affenplaneten und seine Rückkehr zum Planeten Erde verursachen eine neue inkonsistente Situation, die zudem, da der Film an dieser Stelle endet, auch noch ungelöst bleibt; d.h. im Widerspruch zum Konsistenzprinzip steht.

Doch gerade darin liegt der Clou des Textes. Anstatt die Lösung anzubieten, wird sie von der bis dahin vom Text aufgebauten Semantik / Ideologie impliziert, wodurch gleichzeitig diese Ideologie / Semantik noch

---

[55] Vgl. Min. 8-12.

[56] Vgl. dazu: „Die Affen, die wir mitgebracht haben, haben uns viel geholfen. Sie sind viel stärker und viel intelligenter als wir es uns je vorgestellt haben" (Min. 73).

verstärkt wird.
Zur Erklärung muss jedoch nochmals die Raumstruktur betrachtet werden. Da dieser Planet vorher unbewohnt war, stellt die sowohl menschliche als auch äffische Population des Affenplaneten die reine Nachkommenschaft der vormals auf der Oberon stationierten Affen und Menschen dar. Wichtig aber ist, dass die Oberon selbst wiederum nur Teil eines größeren Ganzen, nämlich der menschlichen wie äffischen Population der Erde war.[57] Kombiniert man beides, dann muss man zu dem Schluss kommen, dass erstens der Affenplanet dadurch, dass die dort entstandene Gesellschaft und Zivilisation ihren Ursprung nicht in einem selbstständigen, Jahrmillionen alten Evolutionsprozess hat, nicht die gleiche Wertigkeit wie die Erde hat und damit auch keinen vergleichbaren Autonomie- und Totalitätsanspruch beanspruchen kann; zweitens ist die dortige Population ein Ableger der schon bestehenden irdischen Population und stellt daher nur einen Vertreter des Raumes Erde dar. Die im Fokus des Textes stehende Handlung und damit auch die Konfliktlösung sind als auf die Erde übertragbar gedacht.
Explizit deutlich wird die Übertragbarkeit von Handlungs- und Ereignisstrukturen anhand der Art und Weise wie Leo die wegen seines vorausgehenden Verhaltens (er lehnte es zunächst ab, die Menschen in eine Schlacht gegen die Affen zu führen) resignierten Menschen doch noch vom Kampf überzeugt. Er bemüht hierzu die irdische (!) Geschichte: „Hey, wir können es schaffen! Es hat schon mal geklappt auf meinem Planeten. Unsere Geschichte kennt viele Menschen, die Außergewöhnliches geleistet haben und diese Geschichte gehört jetzt euch!“ (Min. 84).
D.h. also, dass die auf dem Planeten Erde eingetretene inkonsistente Situation auf gleiche Art und Weise – einen Befreiungskampf der Menschen gegen die Affen mit einem Sieg der Menschen über die Affen – aufgehoben werden wird. Und da der Affenplanet sozusagen modellhaft für die Erde steht, kann Leo das, was er im Kleinen eingeübt hat, nun im

[57] Die Oberon ist eine sich im Sonnensystem der Erde befindliche US-militärische (siehe ‚USAF‘ bei der ersten Außenansicht der Station, Min. 5) Einheit und hat direkten Kontakt mit der Erde (vgl. die Postkarte von der Erde, Min. 6), womit sie zu diesem Zeitpunkt noch zum Raum Erde zählt.

Großen umsetzen: Die Menschheit in die Schlacht gegen die Herrschaft der Affen führen. Nicht zuletzt ist es dieser nur implizierte aber nicht mehr dargestellte Ausgang, der den Muss-Charakter einer Systemwiederherstellung deutlich macht.[58] Und zu eben diesem Zwecke musste Leo den Affenplaneten verlassen – doch nicht nur deswegen.

Auffällig an Leo ist, dass, auch wenn es sich bei ihm um den Protagonisten des Films handelt, er sich durch eine überaus triviale, einseitige, fast schon leere Charakterkonzeption auszeichnet. Das einzige, was wirklich fassbar ist, ist seine Semantisierung als ‚Soldat / Krieger': Als er von Ari nach seiner Identität gefragt wird, antwortet er der Schimpansin, die nichts von der Erde und der menschlichen Zivilisation weiß, ohne Nachdenken ganz automatisch: „Captain Leo Davidson, ich bin Pilot der US-Air Force" (Min. 48). Auf Daenas Frage zu welchem Stamm (!) er denn eigentlich gehöre, entgegnet er ebenfalls mechanisch: „US Air-Force" (Min. 29). Und auch bei seinem Abflug vom Affenplaneten verabschiedet er sich ganz selbstverständlich mit militärischem Salut (vgl. Min. 104). Captain Leo Davidson bekleidet also nicht nur so nebenbei einen militärischen Rang, sondern er identifiziert sich mit diesem auch voll und ganz.

Wie sein Aufenthalt auf der Weltraumforschungsstation Oberon zudem zeigt, handelt es sich bei ihm um einen auf die soldatisch kriegerische Tat fixierten und damit um einen auf dieser dezidiert nicht-kriegerischen Einrichtung nicht anpassungsfähigen Fremdkörper. Seine Aufgabe dort, die gentechnisch veränderten Affen für selbstständige Flüge zu trainieren, reizt ihn nicht. Vielmehr hält er sie für unnötig und falsch: „Man schickt keinen Affen, um den Job eines Menschen zu erledigen!" (Min. 8)

[58] Auch die Funktion der Existenz von Thades Denkmal wird damit verständlich: Als ein Gegner, den man schon einmal erfolgreich besiegt hat, stellt er einen weiteren Hinweis darauf dar, dass der nun auf der Erde zu führende Befreiungskampf das gleiche Ende wie auf dem fremden Planeten nehmen wird, nämlich einen Sieg der Menschheit. Was es hingegen mit der temporalen Inkohärenz auf sich hat, wird deutlich werden, wenn eine andere Ebene des Textes betrachtet wird: die Referenzen des Textes zur kulturellen Wirklichkeit.

Auf die Anweisungen seines Commanders, einen Affen startklar zu machen, entgegnet er mit: „Verzeihen Sie bitte Sir, aber meiner Meinung nach ist das Zeitverschwendung“ (Min. 8). Als seine Einwände kein Gehör finden, widersetzt er sich einem ausdrücklichen Befehl seines Vorgesetzten: Er steigt eigenmächtig in eine weitere Raumkapsel und geht ‚seinen' Affen zurückholen (vgl. Min. 11).
Wenn daher gesagt wurde, dass mit der Wiederherstellung der ursprünglichen Ordnung, dem Metametaereignis auf dem Affenplaneten, der Konflikt zwischen Leo und dem Affenplanet behoben worden ist und er dort folglich hätte verbleiben können, so mag das hinsichtlich der Semantisierung der Räume in Bezug auf die figurengruppenspezifische Merkmalszuweisung stimmen, nicht jedoch bezüglich der ebenfalls vorhandenen Semantik der Räume mit den Merkmalen ‚Frieden' und ‚Nicht-Frieden / Kampf'. Mit der Realisierung des Metametaereignisses auf dem Affenplaneten herrscht dort nun nämlich ein Zustand des Friedens, des Nicht-Kampfes, und Leos Anwesenheit dort würde, wie schon auf der Oberon, eine quasi inkonsistente Situation verursachen; und somit wäre Leo – würde er dort verbleiben – abermals ein Fremdkörper.
Auch seine Rückkehr zur Erde ist im Sinne der Lösung der inkonsistenten Situation zu sehen. Dadurch nämlich, dass dort nun eine wie zum vorherigen Zustand auf dem Affenplaneten analoge Herrschaft der Affen existiert, befindet er sich nunmehr in einem Raum des ‚Nicht-Friedens', steht also hinsichtlich seiner Semantik als ‚Krieger / Kämpfer' gerade nicht in Opposition zu diesem Raum. Ein Kampf aber ist aufgrund des Herrschaftswechsels präsupponiert.

3. Komparationen

3.1 Text – Kultur

Hinführung

Die Untersuchung der Kongruenz der jeweiligen textuellen Aussagen mit dem jeweils in der zeitgenössischen Kultur Dominierenden soll im Folgenden in ‚klassischer' Form geschehen: durch die Analyse der drei Texte im Hinblick auf Referenzen / Bezüge zu außertextuellen zeitgenössischen Sachverhalten / Ereignissen.

Diesem eigentlich im Zentrum stehenden Schritt gehen jedoch jeweils zwei andere voraus: eine Zusammenfassung bzw. Synthese der im Analyseteil rekonstruierten Textaussagen sowie eine Untersuchung der entsprechenden Bezugsetzungen zum außertextuellen Kontext. Ersteres soll als Wiederholung fungieren. Letzteres ist, wie der folgende Exkurs zu zeigen versuchen wird, aufgrund der Genrezugehörigkeit der PdA-Texte zur Science-Fiction notwendig.

Exkurs: ‚Fremde Welten'

Im Mittelpunkt der Darstellung der drei Texte steht eine zum Referenzobjekt (der außertextuellen zeitgenössischen Welt) stets temporal differente, bei Roman und Neuverfilmung zudem eine topografisch differente Welt.

Doch auch wenn eine Welt des Jahres 3950 wie in der Neuverfilmung oder 2500 wie im Roman präsentiert wird und es sich dabei nicht einmal um die heimische Erde handelt, muss das dort dargestellte Geschehen nicht als das einer anderen Zeit oder gar eines anderen Planeten angesehen werden.

Auch jene dargestellten Welten sind nämlich nur Elemente von Texten, die nichts weiter als Produkte einer bestimmten irdischen Kultur sind, weshalb für die fremde Welt daraus folgt, dass sie auf Analogien zur kulturell gegebenen Welt, auf Referenzen zu dieser zu untersuchen ist und im entsprechenden Falle diese Sachverhalte auch durch jene zu substituieren sind, d.h. die fremde Welt nicht eigentlich, sondern uneigentlich, zeichenhaft zu lesen ist. In Bezug auf utopische und Science-Fiction-Texte, Texte jener Sorte also, zu der alle PdA-Titel gezählt werden, wird dieses Prinzip gar zur essenziellen Wesensart erhoben. Demnach ist es vorrangiger Sinn und Zweck der in diesen Textsorten konstruierten von der raumzeitlichen Wirklichkeit sich unterscheidenden, d.h. abweichenden, Parallel- und Zukunftswelten, eine Projektionsfläche für die Thematisierung von Sachverhalten eben jener Wirklichkeit anzubieten. Auf diese Weise sollen entweder Themen, die in ihrem ursprünglichen Kontext nur schwerlich oder gar nicht thematisiert werden können, thematisierbar gemacht werden oder aber auch in ihrem Kontext thematisierbare Sachverhalte durch Isolierung von ihrem ursprünglichem Kontext in ein neues Licht gerückt, stärker akzentuiert o.ä. werden.

In Bezug auf die drei hier betrachteten PdA-Texte mag der Grad sowohl an Explizitheit als auch Konkretheit der Referenzen verschieden sein, doch sind die Analogien zu den jeweiligen außertextuell existierenden Gegebenheiten stets ausreichend genug, um sowohl die jeweilige temporale als auch topographische Differenz zu neutralisieren, d.h. explizit darzulegen, dass die zur außertextuellen Welt temporal wie topographisch fremde Welt des Textes doch nur jene außertextuelle Welt darstellt.

Dies schließt dann nicht nur die Möglichkeit ein, dass bei einer entsprechenden Referenz der in diesen Texten vorkommende Affe uneigentlich, d.h. nicht als Affe, sondern als Mensch gelesen wird, sondern erzwingt diese Lesart geradezu. Da in der außertextuellen reellen Welt gilt, dass Vernunftbegabtheit exklusiv nur für den Menschen reserviert ist, muss ein vernunftbegabtes Wesen und insbesondere ein solches, dem dieses Attribut nicht zugestanden wird, daher zwangsläufig als das einzige irdische sprechende und denkende Lebewesen, als Mensch also, gelesen werden. Entscheidend ist, dass das Merkmal ‚Vernunftbegabtheit' nur dann auftritt, wenn auch das Merkmal ‚Mensch' auftritt, d.h. logisch gesprochen zwischen ‚Mensch-Sein' und ‚Vernunft-Haben' ein Bikonditional herrscht, das eine also jeweils das andere impliziert. Mit dieser festen Kopplung beider Merkmale ist nämlich eine zweite in Konkurrenz zur biologischen Definition stehende ontologische Definition von Mensch möglich, nämlich die als vernunftbegabtes Lebewesen. Die biologische Artzugehörigkeit spielt bei einer solchen Definition keine Rolle. Das ontologische Merkmal ‚Vernunftbegabtheit' klassifiziert aufgrund des Bikonditionals die Größe Mensch hinreichend. Zwar ist diese Definition nur vor dem Hintergrund der irdischen Verteilung von vernunft- und nicht-vernunftbegabt an die jeweiligen Arten hinreichend bestimmt, nicht vor dem Hintergrund der im Text dargestellten Welt; doch tut dies in dieser Hinsicht nichts zur Sache. Der Text und die darin dargestellte Welt bleiben letzten Endes immer ein Teil der außertextuellen irdisch-kulturellen Welt. Diese ist der textuellen damit übergeordnet und eben dort gilt, dass ein vernunftbegabtes Lebewesen gleich Mensch ist.

Auch eine intradiegetische Rückführung der Existenz von vernunftbegabten Affen als das Produkt eines rational-logischen Prozesses, wie beispielsweise in der Neuverfilmung, schließt nicht notwendigerweise eine uneigentliche Lesart des Affen als Menschen aus. Auch dann nämlich ist eine solche direkt, d.h. durch eine entsprechende Referenz des Affen auf den Menschen bzw. eine Menschengruppe, möglich, die Art und Weise der Vernunftwerdung in diesem Falle dann auf uneigentliche abstrakte Art zu lesen.[59]

---

[59] Nur am Rande und der Vollständigkeit halber sei angemerkt, dass die rational-logische Begründung solcher von der außertextuellen Wirklichkeit abweichenden Phänomene als das Unterscheidungskriterium und damit auch Definitionskriterium der Science-Fiction innerhalb der phantastisch-utopischen Literatur gilt. Hier jedoch, d.h. in diesem Kapitel, geht es nicht darum, inwiefern sich phantastisch-utopische Texte im Allgemeinen oder Science-Fiction im Speziellen von nicht-fantastischen Texten unterscheiden, sondern darum, dass jene Texte trotz notwendigerweise vorhandener Abweichung in Dependenz zur außertextuellen Wirklichkeit / Welt gelesen werden können.

3.1.1 Roman

Textaussage(n)

Wie der Ablauf der Machtübernahme durch die Affen auf dem Planeten Soror zeigt, liegt der Grund für die Ablösung der Menschheit an ihrer psychischen und physischen Trägheit und dem damit verbundenen Unwillen zur Wehrhaftigkeit, zur Verteidigung des Status quo.

Der Mensch verliert auf diese Weise nicht nur seine machtpolitische Stellung. Sein Abstieg ist, wie der anschließende Rückfall in den tierischen Urzustand zeigt, ein totaler und radikaler. Der Affe hingegen schafft es über die Stufen der Nachahmung, des gegenseitigen Unterrichtens und des Zufallbringens der menschlichen Herrschaft neben dem machtpolitischen auch den kulturell-zivilisatorischen sowie evolutionären Platz des Menschen einzunehmen.

Die Möglichkeit der Reinstallierung der menschlichen Zivilisation auf Soror und damit die Wiederherstellung der ursprünglichen Ordnung wird mit der Ankunft Ulysses und seiner irdischen Begleiter zwar thematisiert, doch eindeutig verneint. Der Grund dafür liegt in der Tatsache begründet, dass es den Soror-Menschen auch noch Jahrhunderte nach dem Zivilisations- und Evolutionswechsel an Handlungswillen mangelt; den Affen dagegen ist gerade ein solcher zu eigen, wobei dieser Unterschied zwischen menschlicher und äffischer Zivilisation auf Soror besonders zutage tritt.

Wie das Verhalten resp. die Entwicklung der beiden Erdenmenschen Ulysse und Prof. Antelle, insbesondere aber der zum Planeten Soror analoge Systemwandel auf der Erde und im gesamten Universum zeigen, hat das über Soror-Affe und Soror-Mensch Ausgesagte nicht nur für diese Gültigkeit, sondern für Affe und Mensch im Allgemeinen.

Bezugsherstellung zum zeitgenössischen Kontext[60]

„Es war im Jahre 2500 als ich mit zwei Begleitern das Raumschiff bestieg“ (S. 11). Mit diesen Worten beginnt Ulysses Bericht über seine Reise von der Erde zum Affenplaneten. Explizit wird damit die zeitliche Situierung der dargestellten Welt vorgenommen und die folgende Handlung damit in eine zur Produktions- und Rezeptionszeit des Textes ferne Zukunft verlegt. Der Zustand der im Mittelpunkt der Darstellung stehenden Welt auf dem Affenplaneten entspricht hingegen bis ins Detail dem der Erde Ende der 50er und Anfang der 60er Jahre des zwanzigsten Jahrhunderts; also sehr wohl dem Zeitraum der Produktion und Rezeption des Romans. Zum einen drückt sich die temporale Äquivalenz dabei in kultureller Hinsicht in der Tatsache aus, dass auf dem Planeten zwar bereits eine formaljuristische Aufhebung aller Rassenschranken bei faktisch nach wie vor bestehender Existenz ebendieser (vgl. S. 107f) stattgefunden hat, zum anderen und insbesondere aber in technischer Hinsicht: dem erst vor kurzem begonnenen Einsatz von Passagierflugzeugen mit Düsenantrieb (vgl. S. 139f), dem Abschuss einer unbemannten Weltraumrakete kurz vor Ulysses Ankunft (vgl. S. 110) und dem am Ende von Ulysses Anwesenheit auf dem Planeten erfolgten Einsatz von tierisch bemannten und steuerungs- sowie rückkehrfähigen Raumkapseln (vgl. S. 181).

Zwar wird im Verlauf der dargestellten Handlung zumindest in Hinsicht auf den technischen Entwicklungsstand intradiegetisch ein logisch-rationaler Erklärungsversuch für den temporalen Unterschied zwischen Erde und Affenplanet (und damit dem Nicht-Unterschied zum Rezeptionszeitraum) zu geben versucht – so soll der aktuelle Stand der Zivilisation darauf zurückgehen, dass die Übernahme der Herrschaft durch die Affen mit einem technologischen Stillstand bzw. gar Rückschritt in der Technik verbunden war (vgl. S. 139ff) – doch ist diese Rückführung in ihrer Rationalität und damit auch die damit vorhandene eigentliche zeitli-

[60] Zum historischen Kontext des Romans und den jeweiligen Angaben im vorliegenden Text vgl. hierzu und im Folgenden: Dickson 2001; Divine 1993; Englert 2005, S. 158-160; Freyer 1964; Stine 2008.

che Situierung des Dargestellten zu relativieren.

Erstens ist nämlich auffällig, dass das mit der Übernahme der Herrschaft verbundene Absinken genau zu dem Technikstand führte, der der außertextuellen Welt entspricht. Dies geschieht nicht nur auf dem Affenplaneten, sondern auch auf der intradiegetischen Erde. Mag der Aufenthalt Ulysses und seiner Familie dort auch kurz sein, so ist doch eindeutig erkennbar, dass der dort stattgefundene Systemwandel zum technischen Niveau der fünfziger / sechziger Jahre führte.[61]

Zweitens ist der diesen Rückschritt erst ermöglichende und bedingende Systemwechsel selbst und damit auch die darauf aufbauende rationale Erklärung des Technikrückstandes als nur zeichenhaft gesetzt: Zum einen dadurch, dass kein rational-logisches Argument für das Erlangen bzw. den Verlust von Sprache / Vernunft gegeben wird. Zum anderen und insbesondere durch die rational-logisch unmögliche Geschwindigkeit dieses Übertritts von einem in den anderen Zustand – paradigmatisch vorgeführt an Nova und Prof. Antelle –, was zeigt, dass der hier dargestellte Systemwandel uneigentlich, abstrakt, eben zeichenhaft zu lesen ist. Dem von diesem Systemwandel abhängigen Technologierückfall ist damit bereits systemisch die Grundlage genommen.

Drittens hat der Technologierückgang nicht die Funktion irgendeine temporale Differenz oder Äquivalenz zu rationalisieren, sondern ist selbst Teil eines davon unabhängigen Diskurses des Romans, nämlich dem nach der Legitimität der Macht der Affen:

> Glauben Sie mir, eines Tages werden wir die Menschen auf allen Gebieten überflügeln. Sie brauchen sich nicht einzubilden, dass wir nur aus Zufall ihre Nachfolge angetreten haben. Es geschah ganz folgerichtig im Sinne der Evolution. Die Zeit des Homo sapiens war vorbei, ein höher stehendes Wesen musste ihn ablösen, musste sich seine Errungenschaften aneignen und sich mit ihnen während einer Periode scheinbaren Stillstands vertraut machen, um sich dann zu neuen Höhen emporschwingen zu können. (S. 161)

Der Technologierückfall nach Übernahme der Herrschaft durch die Affen ließ gerade diesen Punkt, d.h., ob die Ablösung des Menschen im Sinne

[61] Vgl. dazu den technischen Stand der Bodenfahrzeuge sowie der Flugzeuge.

der Evolution und damit berechtigt war, im Zweifel. Erst der technologische Stand der Affenzivilisation in der Rahmengeschichte liefert den Beweis für die oben von Cornelius behauptete These, dass der technologische Stillstand nur eine Periode darstellte und die ‚Neuen' sich tatsächlich auch zu neuen Höhen haben emporschwingen können. Dass die menschliche Zivilisation zu so etwas nicht mehr fähig gewesen wäre, dass also die Zeit des Homo sapiens vorbei war, verdeutlicht der im Zeitraffer erfolgte Übergang zum tierischen Dasein von Prof. Antelle, bei dem es sich ja um den genialsten Wissenschaftler der Menschheit handelt.

Zeitgenössischer Kontext / Bezugnahmen

Wenn Vernunftwerdung und Vernunftverlust zeichenhaft, uneigentlich zu lesen sind, dann ist auch der vernunftbegabte Affe nicht als Affe, sprich eigentlich, sondern uneigentlich zu lesen. Denn wie soll ein Affe, ein vernunftloses Lebewesen, wenn das Merkmal Vernunft nicht Vernunft darstellt, zu einem vernunftbegabten Lebewesen geworden sein? Die Affen können also nur als eine menschliche in Opposition zu einer anderen menschlichen Gruppe stehende Gruppe gelesen werden.

Berücksichtigt man zudem die Korrelation der Affen zum einen mit den Experimenten des Sowjetrussen Ivan Pavlov, zum anderen mit den Anfängen der Weltraumfahrt, die allgemeine Rekurrenz von Weltraumfahrt sowie den Sachverhalt, dass technischer Fortschritt zur Legitimation von Herrschaft dient, dann ist eine durchaus klare Parallele der hier erzählten spezifischen Geschichte vom Aufstieg einer Gruppe und dem Abstieg einer dazu oppositionellen anderen Gruppe zur außertextuellen Welt der Rezeptions- und Produktionszeit klar ersichtlich: der mit dem Sputnikstart im Jahre 1957 einhergehenden Angst des Westens vor einer übermächtig gewordenen / werdenden Sowjetunion und der damit verbundene Verlust der eigenen ideologischen und politischen Vormacht.

Bis in dieses Jahr 1957 nämlich, genauer gesagt den 4.Oktober 1957, konnte sich der Westblock seiner technologisch-wissenschaftlichen

Überlegenheit gegenüber dem Systemgegner Ostblock / Kommunismus stets sicher sein. Mit dem Start von Sputnik 1 – dem ersten künstlichen Erdsatelliten – und seinem darauffolgendem tagelangen Piepen aus dem All war aber augenblicklich klar, dass der Westen dem Osten technologisch nicht mehr überlegen ist / war.
Dieser Eindruck bestätigte sich im Folgenden durch weitere Erstleistungen der Sowjetunion: Am 3.11.1957 brachte Sputnik 2 mit der Hündin Laica das erste irdische Lebewesen in den Weltraum; am 2.1.1959 erreichte mit Luna 1 die erste Raumsonde den Mond und schon im Jahre 1961 startete mit Jurij Gagarin – einem Sowjetrussen – zum ersten Mal ein Mensch in den Weltraum.
Die USA, aber auch der Westen im Allgemeinen, reagierte auf diese Zeichen der Überlegenheit der Sowjets auf dem Gebiet der Weltraumfahrt mit zwei Maßnahmenkomplexen: Kurz- und mittelfristig verstärkte man die eigenen Anstrengungen im Weltraumprogramm und begann damit den ‚Wettlauf im All'. Als längerfristige Maßnahme setzte man auf die Reformierung des Bildungssystems, um auch in Zukunft genügend akademisches Personal für den Wettkampf zwischen Ost und West zu haben. Das Ziel war die Aktivierung der so genannten Bildungsreserve, also die vermehrte Heranführung von Kindern bisher bildungsferner Schichten an die Schul- und Hochschulbildung.
Wichtiger als diese politisch-konkreten Auswirkungen der Sputnikstarts sind jedoch die gesellschaftlich-abstrakten. Der in technologisch-wissenschaftlicher Hinsicht offensichtliche Verlust der Überlegenheit des Westens gegenüber dem Osten wurde nicht nur als das, was er war, als Verlust der technologischen Überlegenheit, sondern als Verlust der Überlegenheit überhaupt, also absolut, angesehen und zudem als substantiell-systemisch erfahren.
Als absolut deshalb, weil sich seit der Wende vom 19. zum 20. Jahrhundert, vor allem aber in der Nachkriegszeit und den 50 / 60er Jahren, Fortschritt und hier wiederum insbesondere technischer Fortschritt als dominante und universelle Denk- und Handlungskategorie installiert hatte:

In diesen Begriffsverschiebungen stecken natürlich immer auch sehr

> handfeste Wertvorstellungen, steckt das ganze zwingende Ethos der Technik: wenn mit gut erzielten Mitteln der optimale Effekt erreicht wird, ist alles in Ordnung; wenn aber Sand im Getriebe ist und die Kräfte irgendwo nicht voll ausgelastet sind, so ist das schlimm und beinahe eine Sünde. Und dieses Ethos sickert mit den Sprachgewohnheiten in das Bewusstsein ein, oder jene sind nur das Symptom dafür, daß technische Denkmodelle in der Vorstellungswelt, technische Einstellungen im Verhalten überhandnehmen – etwa so wie in einem religiös bestimmten Zeitalter alles, auch das Profane, in den Lichtkegel der religiösen Gültigkeiten und Gegensätze gerückt wird.[62]

Darüber hinaus gelang dem technischen Fortschritt die Emanzipation von der Zweckgebundenheit. Fortschritt in der Technik diente nicht mehr irgendeinem vorgegebenen Zwecke, sondern war Zweck an sich. Der Verlust der Vorherrschaft im technischen Fortschritt – den der Sputnik-Start ja anzuzeigen schien – musste daher geradezu zwangsläufig als Verlust der Überlegenheit schlechthin empfunden werden.

Als systemisch wurde dieser Verlust dagegen deshalb erfahren, weil die Überlegenheit auf dem Gebiet der Wissenschaft und hier wiederum insbesondere der Technik mit der Überlegenheit des eigenen Systems über das fremde, das kapitalistisch-demokratische über das kommunistisch-diktatorische korelliert war / begründet wurde; technologische Über- und Unterlegenheit also als natürliche Folgen des jeweiligen Systems angesehen wurden. Insofern mussten die Sputnikstarts auch zu einer Krise in der Selbstwahrnehmung der Systeme führen, also systemisch erfahren werden.

Schön zu sehen ist dies auch an der Rede John F. Kennedys, die auf Jurij Gagarins Flug folgte und in der das darin formulierte Ziel, noch vor Ende des Jahrzehnts einen Menschen auf den Mond landen zu lassen und ihn wieder sicher zu Ende zurückzubringen, als Kampf zwischen ‚Freiheit und Tyrannei' deklariert wurde.

Der Roman greift damit diese zu Beginn der 60er Jahre (immer noch) aktuelle Angst auf und führt sie bis an die extremste Grenze: Wie der Rückfall auf das Niveau eines nicht-sprechenden, nicht-denkenden Lebewesens zeigt, wird die Niederlage gegen die Sowjets und den Kommunis-

---

[62] Freyer 1964, S. 532.

mus und der eigene Niedergang als total und radikal gedacht. Der Grund dafür liegt, wie die Tatsache zeigt, dass Aufstieg und Abstieg artenspezifisch sind, im System, also im kapitalistisch-demokratischen System selbst.

3.1.2 Serie

Textaussage(n)

Irgendwann zwischen den Jahren 2503 und 3085 erlangen die Affen die Sprach- und Denkfähigkeit und ergreifen auch die Macht auf dem Planeten. Die Menschen sind ihnen hierarchisch untergeben und stehen im Dienste ihrer neuen Herren oder leisten Abgaben.

Doch darum geht es nicht; und genau dies wird mit der Ankunft der beiden Astronauten von der Erde aus dem 20. Jahrhundert gezeigt. Die neuen Hierarchieverhältnisse von Affe und Mensch werden, abgesehen von einigen nebenbei geäußerten Bemerkungen auf auditiver Ebene in den ersten Folgen, nicht zur Disposition gestellt. Die Herrschaftsverhältnisse werden akzeptiert, Veränderungen werden, wenn überhaupt, nur innerhalb dieses Systems vorgenommen und haben stabilisierenden Charakter. Aber auch das sind Ausnahmen.

Um was es geht, ist eine Ebene tiefer angesiedelt: das Private, Persönliche, Zwischenmenschliche. Genau in diesem Bereich kommt es Folge für Folge zu einem Systemwandel. Freundschaften und Familienäquivalente sowohl zwischen Mensch und Mensch, Affe und Affe als auch zwischen Affe und Mensch werden installiert. Das Beispiel Virdons zeigt dabei, dass es sich nicht um eine einfache Installation, einen Systemwandel, sondern zeichenhaft um eine Reinstallierung, eine Systemwiederherstellung, handelt.[63]

[63] Die immer weiter voranschreitende Installierung von Familienäquivalenten in der Gegenwart kann in seinem Fall ja als nichts anderes angesehen werden als eine Ersatzhandlung für seinen anfänglichen ihm jedoch verwehrt gebliebenen

So unterschiedlich aber auch die beiden Semantiken gewichtet sein mögen, ist ihnen doch gemeinsam, dass entscheidende Sachverhalte unbegründet bleiben. Wie es zum Systemwechsel hinsichtlich der Machtverhältnisse gekommen ist, bleibt genauso unbeantwortet, wie die Frage, warum es, obwohl alle miteinander freundschaftlich verbunden sein sollen, dennoch nicht zur Gleichheit der Arten, dem Systemwechsel auf hierarchischer Ebene also, kommen kann. Umgekehrt stellt sich die Frage, warum dem Trio die Installierung von freundschaftlichen und familiären Strukturen immer wieder aufs Neue glückt, weshalb es also in dieser Hinsicht stets zum Systemwandel, zur Systemwiederherstellung kommt. Daraus kann nur folgender Schluss gezogen werden: Das hier Präsentierte wird als nicht hinterfragbar, als natürlich, als das einzig Mögliche gesetzt. Es gibt keine Alternative dazu.
Nur ein einziger Zusammenhang, der als kausal zu bezeichnen wäre, ist vorhanden: Freundschaft entsteht durch Vertrauen, Vertrauen wird durch Hilfeleistungen bzw. durch Fürsorge aufgebaut, Freundschaft wiederum führt dazu, dass Vertrauen untereinander herrscht und sich gegenseitig geholfen wird. Von Folge zu Folge wird also dargelegt, um was es nicht geht – das Ändern von Hierarchien und Machtverhältnissen – und natürlich, um was es geht, nämlich um freundschaftliches, familiäres und friedliches Miteinander und wie Letzteres realisiert werden kann.

Bezugsherstellung zum zeitgenössischen Kontext

Obwohl weder direkt explizit noch direkt implizit der dargestellte sprechende Affe als uneigentlich gesetzt wird – etwa durch konkrete Einzel-Referenzialisierungen o.ä. – wird dennoch deutlich, dass es sich hier nicht um Affen im eigentlichen Sinne handeln kann. Gleiches gilt übrigens auch hinsichtlich einer direkten Nivellierung bzw. Neutralisierung des temporalen Unterschiedes, d.h., dass das Dargestellte nicht als in ferner Zukunft zu lesen ist.
Deutlich wird das daran, dass dieser an sich elementare Unterschied

---

Wunsch, zu Frau und Kind im 20. Jahrhundert zurückzukehren.

eben nicht deutlich gemacht wird. Wie bereits gesagt, stehen Sprach- und Denkfähigkeit der Affen, deren Macht über die Menschen, die Ursachen, die zu dieser Situation geführt haben, sowie die Frage nach der Wiederherstellung der ursprünglichen Zustände gerade nicht im Interesse des Textes. Die eigentlich elementaren Unterschiede zwischen Vergangenheit, d.h. der Zeit ohne sprechende Affen der 70er Jahre des 20. Jahrhunderts und der Gegenwart, also der Zeit mit sprechenden, denkenden und herrschenden Affen des Jahres 3085, werden damit als nicht wahrzunehmende gesetzt und von den Figuren ja auch so nicht wahrgenommen. Dieser innertextuelle Unterschied zwischen Vergangenheit und Gegenwart entspricht nun aber gleichzeitig dem gegebenen Unterschied zwischen innertextueller Gegenwart und außertextueller zeitgenössischer Gegenwart; doch dieser Unterschied – so der Text – ist kein relevanter. Wenn dies auch keine direkte Neutralisierung der Unterschiede zwischen textueller und außertextueller Welt bedeutet, so ist es aber nichtsdestotrotz eine indirekt explizite.[64]

Zeitgenössischer Kontext / Bezugnahmen[65]

War es hinsichtlich der uneigentlichen Lesart das Desinteresse am hierarchischen Machtverhältnis zwischen Affe und Mensch, das diese bewirkte, so ist es hinsichtlich der konkreten Referenzsetzung die Kombination jenes Desinteresses an diesem Gegenstand mit der ideologischen Konzentration auf das Zwischenmenschlich-Persönliche, also auf die Installierung von Freundschaften und Familienzugehörigkeiten von Folge zu Folge. Dieses Verhältnis von Desinteresse hinsichtlich des einen und Interesse hinsichtlich des anderen spiegelt nämlich genau den um die

[64] Eine Differenz hinsichtlich der Topographie muss in der Serie nicht neutralisiert werden; es fand keine räumliche Bewegung statt; die im Mittelpunkt der Darstellung liegende Handlung spielt auf der Erde, nicht auf einem fremden Planeten.

[65] Zum historischen Kontext der Serie und den jeweiligen Angaben im vorliegenden Text vgl. hierzu und im Folgenden: Berg 2004; Dippel 2005, S. 108-128; Englert 2005, S. 149-175; Guggisberg 2002, S. 280-306; Heideking / Mauch 2008, S. 303-365; Morris 1996.

Mitte der 70er Jahre stattgefundenen Paradigmenwechsel im Denken der US-amerikanischen Gesellschaft wider. Dazu bedarf es jedoch einiger vorausgehender historischer Darlegungen:
Als das Oberste Gericht der Vereinigten Staaten 1954 die Rassentrennung an Schulen für verfassungswidrig erklärte, war zwar nicht die generelle Abschaffung der seperate-but-equal-Doktrin erreicht,[66] doch aufgrund des damit erfolgten Zeichens, dass Veränderungen überhaupt möglich sind, sehr wohl der Startschuss für eine aktive Bürgerrechtsbewegung gegeben. Die ihren Status als Bürger zweiter Klasse nicht mehr hinzunehmen gewillte schwarze amerikanische Minderheit begann in der Folgezeit gegen die alltäglichen Demütigungen und für ihre juristische wie soziale Gleichstellung zu kämpfen.
Das Mittel dazu stellte neben dem juristischen Vorgehen insbesondere der gewaltlose Widerstand in Form von zivilem Ungehorsam und friedlichen Demonstrationen dar. So stellte die erste, weithin beachtete Aktion dieser Art der Busstreik in Montgomery, Alabama, in den Jahren 1955 / 56 dar, der Verzicht der schwarzen Einwohnerschaft Montgomerys auf die Benutzung der Busse der städtischen Verkehrswerke, die damit monatelang fast leer fuhren.[67] Anfang der 60er begann man die Bestreikung von Einrichtungen mit Rassentrennung durch so genannte ‚sit-ins', also der bewussten Benutzung solcher Einrichtungen. 1961 folgten dann die ‚Freedom Rides'. Schwarze aus allen Teilen der USA fuhren in den Süden und ‚testeten' ihr nun gerichtlich festgelegtes Recht auf Benutzung der ‚weißen' Busbahnhöfe. 1963 kam es zum berühmten ‚Marsch auf Washington', dem eigentlichen Höhepunkt der Bürgerrechtsbewegung: Einer Demonstration von über 250000 Schwarzen und Weißen in Washington mit der ‚I have a dream'-Rede von Martin Luther King. Im Jahr darauf erlangten die Schwarzen in Form eines neuen Bürgerrechtsgesetzes dann auch tatsächlich die Gleichstellung mit den Weißen.

---

[66] So wurde beispielsweise die Rassentrennung auf Busbahnhöfen erst Anfang der 60er untersagt.

[67] Der Grund dafür war die Verhaftung der schwarzen Näherin Rosa Parks. Sie weigerte sich, ihren Sitzplatz einem weißen Mann zu überlassen, wozu sie laut einer örtlichen Vorschrift verpflichtet gewesen wäre.

Auch wenn dieser Erfolg zunächst nur die formale Gleichstellung bedeutete – in der Realität wurden Schwarze auch weiterhin allzu oft ungleich behandelt – und dies damit auch folgerichtig nicht das Ende des Kampfes darstellte, führte die Tatsache, dass ein solcher Erfolg überhaupt möglich war, dazu, dass auch andere bisher benachteiligte Gruppen den Kampf gegen die etablierte Ordnung aufnahmen. So beispielsweise die Frauen, die nun nicht mehr gewillt waren, ihre kulturell geforderte inferiore Stellung im Beruf und in der Familie zu akzeptieren und deshalb begannen, gleiche Rechte und Chancen einzufordern. Gleiches gilt für Homosexuelle, Indianer sowie Mexiko-Amerikaner, die nun versuchten, in Form von Protesten, Demonstrationen und Klagen bis vor das Oberste Gericht die bestehende Ordnung zu verändern.
Zur eigentlichen Triebkraft jedes Wunsches nach gesellschaftlicher Veränderung / gesellschaftlichem Wandel entwickelte sich ab ca. 1964 aber immer stärker die Jugendbewegung. Der allergrößte Teil der Jugend war nun nicht mehr bereit, sein Leben in den traditionellen Bahnen von Karriere, trautem Heim und Unterwerfung unter die traditionellen Autoritäten zu führen. Idealistisch beteiligten sie sich an der Bürgerrechtsbewegung und versuchten, alternative Formen des gesellschaftlichen Zusammenlebens zu finden. Insbesondere aber trugen sie den Protest gegen den Vietnamkrieg – an dem sich aber bald auch immer mehr führende Intellektuelle, Vertreter der Kirchen und liberale Demokraten beteiligten. Es ging dabei nicht nur darum, dass die Vereinigten Staaten in einem fremden Land Krieg gegen unschuldige Menschen führten, also um vietnamesische Opfer dieses Krieges, sondern auch um die amerikanischen Opfer: die amerikanischen Unterschichten – also arme Weiße und fast alle Schwarzen – und die amerikanische Jugend. Die einen waren Opfer, weil durch die hohen Kriegskosten kein Spielraum mehr vorhanden war für soziale Unterstützung und Reformen, die anderen, weil sie es waren, die in diesem Krieg kämpfen und ihre Leben lassen mussten. Die Antikriegsdemonstrationen waren somit auch immer soziale Demonstrationen und Zeichen des generellen Protestes gegenüber der vorherrschenden Ordnung. Doch trotz Demonstrationen und Protesten und Teilerfol-

gen – beispielsweise was die Gleichstellung von Mann und Frau betrifft – kam es zu keinen entscheidenden Veränderungen. Hass und die Gewalt gegenüber den Schwarzen blieben weiterhin auf der Tagesordnung, der Vietnamkrieg wurde sogar noch weiter verschärft und die zu erbringenden Opfer wurden immer größer.
Bedingt durch diese Misserfolge radikalisierte sich die Bewegung gegen Ende der 60er, aber auch die ganze Gesellschaft sowie die Politik der USA an sich. Die Bürgerrechtsbewegung entfernte sich immer mehr von den friedlichen Taktiken eines Martin Luther King und es gewann die radikalere und auf Trennung, nicht auf Versöhnung gerichtete Black-Power-Bewegung die Oberhand. Es kam zu verstärkten Rassenunruhen in den nunmehr nur noch von Schwarzen bewohnten Innenstädten. Auch bei den Antikriegsdemonstrationen häuften sich Gewaltanwendungen, und zwar auch von staatlicher Seite aus: So wurde 1970 eine Demonstration an der Kent State University in Ohio von den Ordnungskräften brutal niedergeschlagen, wobei vier Studierende starben.
Zentral ist nun aber, dass der Höhepunkt der gesellschaftlichen Bewegungen um den Dekadenwechsel herum gleichzeitig auch schon das Ende all dieser Bewegungen einleitete. Die Misserfolge auf der einen und die Radikalisierung auf der anderen Seite führten dazu, dass sich immer mehr Menschen aus Abscheu oder einfach nur aus Desinteresse abwandten. Zudem brachte eine nun einsetzende Wirtschaftskrise und die damit einhergehende stärkere Konkurrenzsituation auf dem Arbeitsmarkt es mit sich, dass immer mehr Menschen ihre eigene Position gefährdet sahen und von nun an nicht mehr für Wandel und Veränderung, sondern für Stabilität und den Status quo plädierten.
Zur Mitte der 70er dominierte also der Wunsch nach ruhigen, stabilen und harmonischen Zeiten und Schlimmes wollte man am liebsten nur noch vergessen, was sich nirgendwo besser zeigte als im neuen Umgang mit dem Vietnamkrieg: Mit Unterzeichnung des Friedensabkommens 1973 endete nicht nur das Interesse am Krieg selbst, sondern auch das an den heimkehrenden Soldaten, während vor noch nicht allzu langer Zeit beide ja den Mittelpunkt und das Herzstück aller sozialen wie

politischen Auseinandersetzungen bildeten. Im Zentrum stand nunmehr das Private, die Familie, nicht mehr das Öffentliche und insbesondere nicht das Politische, das durch eine ganze Reihe von Enthüllungen krimineller Machenschaften der höchsten politischen Klassen nun vollends diskreditiert war: 1971 die Enthüllungen über die Lügen der Johnson-Regierung hinsichtlich des Vietnamkrieges, dann ab 1972 bis 1974 die Watergate-Affäre um den amtierenden Präsidenten Nixon, also das Bespitzeln des Wahlkampfhauptquartiers der Demokraten 1972 sowie die darauf folgende kriminelle Vertuschung der Spuren durch den Präsidenten.

Als symptomatisch für diesen Paradigmenwechsel kann daher der Präsidentschaftswahlkampf Jimmy Carters von 1975 angesehen werden. Er warb offen mit seiner politischen und öffentlichen Unerfahrenheit und pries programmatisch die Familie als zentralen Ort des Lebens und Handelns sowie die Rückbesinnung auf die mit ihr verbundenen und von ihr ausgehenden Werte.

Wie unschwer zu erkennen ist, bildet die Serie genau jenes gewandelte Empfinden, jenes gewandelte Bewusstsein ab. Doch der Text setzt dem Ganzen durch die Art und Weise, wie das Öffentliche und Private dargestellt wird und insbesondere, wie es kombiniert wird, noch eins drauf: Hierarchische Unterschiede, gesellschaftliche Ungleichheit in extremster Form werden als irrelevant und nicht entscheidende Grenze gesetzt. Wichtig ist nur die Grenze zwischen ‚Freundschaft / Familie' und ‚Nicht-Freundschaft / Nicht-Familie'. Für die Installierung des Erwünschten ist ein hierarchischer Unterschied kein trennendes Kriterium, keine Grenze. Ganz im Gegenteil: Wie das präsentierte Ideal Familie mit Vater, Mutter und Kind[68] zeigt, sind hierarchische Unterschiede für eine Gesellschaft ja konstitutiv / wesensmäßig.

[68] Vgl. die 5. Folge aber auch die 10. Folge, die von Galens Familie handelt.

3.1.3 Neuverfilmung

Textaussage(n)

Die Ablösung der Menschheit erfolgt durch einen revolutionären Akt; der Grund liegt am mangelnden Willen des Menschen zur Wehrhaftigkeit, der mit einer zunehmenden Tendenz zur Bequemlichkeit einhergeht. Die zu niederen Arbeiten herangezogenen Affen haben den evolutionären Sprung weder durch Nachahmung noch durch gegenseitigen Unterricht, also nicht aus tendenziell eigener Kraft, geschafft; ein gentechnischer Eingriff seitens der Menschen war dazu notwendig. Die dadurch erst möglich gewordene Transformation der Ordnung ist damit aus Perspektive der Menschheit nicht nur durch die eigene Trägheit selbst verschuldet, sondern durch die getätigte genetische Manipulation auch selbst verursacht.

Dennoch zeichnet sich die neue Ordnung nicht durch in jeder Hinsicht unterlegene Menschen aus. Nur machtpolitisch sind ihnen die Affen überlegen, aber keineswegs zivilisatorisch oder evolutionär.[69] Wird zudem bedacht, dass die Affenzivilisation selbst ein Produkt der Menschheit darstellt, dann ist der neuen Ordnung von vornherein die ideologische Berechtigungsgrundlage genommen.

Demgemäß liegt auch die erfolgreiche Reinstallierung der alten Ordnung, die ja ohnehin als ideologisch präjudiziert angesehen werden muss, im Fokus des Dargestellten; beides umso mehr, weil die Menschheit die Phase der Unterdrückung durch die Affen zum ‚Gesund-Wildern' genutzt und sich im konfliktverursachenden Protagonisten ein integrer Anführer gefunden hat. Die Metatilgung erfolgt dann auch ideologiekohärent durch eine zum Freiheitskampf stilisierte, offene Feldschlacht von Volk gegen Volk und Führer gegen Führer. Das Sujet des Kampfes für die natürliche und richtige Ordnung wird zudem durch die Schlussse-

[69] Abgesehen davon, dass den Affen weiterhin tierische Attribute zugeschrieben werden, muss selbst ihr oberster militärischer Führer zugestehen, dass der Mensch gerade im Hinblick auf sein technisch-wissenschaftliches Potenzial dem Affen stets weit überlegen bleiben wird.

quenzen perpetuiert. Obwohl bzw. gerade weil durch die gelungene Konflikttilgung kein inkonsistenter Zustand zwischen Raum und Protagonist mehr besteht, verlässt dieser dennoch den fremden Planeten, um auf die heimische Erde zurückzugelangen. Was jedoch aus Sicht des Konsistenzprinzips eigentlich keinen Sinn ergibt, ist umso mehr aus ideologischer Perspektive sinnvoll. Da zeitversetzt auch auf der Erde die Transformation von der ‚richtigen' zur ‚falschen' Ordnung stattgefunden hat, steht der Held wieder im Konflikt mit der dortigen Ordnung, sodass ein weiterer Kampf beginnen kann, beginnen muss.

Bezugsherstellung zum zeitgenössischen Kontext

Wie schon gezeigt, gibt die Neuverfilmung im Gegensatz zum Roman einen für ihren zeitgenössischen Kontext logisch nachvollziehbaren Grund für die Existenz von sprechenden und denkenden Affen: Sie seien das Produkt eines gentechnischen Eingriffs. Der Schluss des Films zeigt aber aufgrund seiner absoluten Unlogik und Inkohärenz, dass gerade logische Oberflächenkohärenz, wie sie eben die Erklärung mit dem gentechnischen Eingriff darstellt, nicht Bestandteil des Textes ist.[70]

Zum einen also stellt sich die Frage, wie es zu einem Metaereignis auf der Erde kommen konnte, wenn Leo doch in die Vergangenheit reist, und zwar, wie aufgrund des Technikstandes der nun dargestellten Welt zu schließen ist,[71] in eine Zeit noch vor seiner ersten Grenzüberschreitung, in der definitiv kein Metaereignis auf der Erde stattgefunden haben kann.[72] Zum anderen die Frage, wie es möglich sein soll, dass der gerade besiegte Thade nun statt Abraham Lincoln auf dessen Platz thront und zudem als ‚Retter des Planeten' gefeiert wird (vgl. Min. 107).

[70] Mit Unlogik / Inkohärenz ist hierbei jedoch nicht die im entsprechenden Kapitel zentral vorgestellte Nicht-Erfüllung des Konsistenzprinzips gemeint, diese ist ja wie gezeigt durchaus erklärbar und logisch kohärent aufzulösen, sondern die nur in der Fußnote angesprochene Inkohärenz auf textueller Oberflächenebene.

[71] Was aus dem Stand von Automobilen, Hubschraubern und Schusswaffen unschwer zu rekonstruieren ist. Dazu jedoch mehr im nächsten Kapitel.

[72] Vgl. Leos ‚Postkarte' von der Erde (Min. 5f).

Der Text desavouiert damit seine eingangs aufgebaute logische Argumentation selbst, entlarvt sie als das, was sie ist, nämlich eine bloße Inszenierung, und das immerhin an der exponiertesten Stelle überhaupt: dem Schluss.
Da damit die Umstände der Vernunft- / Intelligenzsetzung der Affen selbst nur uneigentlich, zeichenhaft gelesen werden können, heißt das auch, dass die im Text dargestellten Affen ebenso nicht notwendigerweise als hoch entwickelte Tiere gelesen werden müssen, sondern uneigentlich zeichenhaft, konkret also als Menschen bzw. als eine Menschengruppe gelesen werden können.
Darüber hinaus hilft der Schluss bzw. die temporale Inkohärenz des Schlusses auch die temporale Differenz zwischen außertextueller Wirklichkeit und dargestellter Welt des Textes zu neutralisieren. Wie anhand des Standes von Automobilen, Hubschraubern und Schusswaffen der nach Leos Bruchlandung am Lincoln-Memorial herbeieilenden Polizeieinheiten geschlossen werden kann, kommt Leo just zu der Zeit auf der Erde an, aus der auch der Film stammt – dem Anfang des 21. Jahrhunderts.[73] Die topographische Differenz hingegen, wenn sie auch zum großen Teil durch die konkrete Referenzialisierung aufgelöst wird, sollte aufgrund der schon im textanalytischen Teil dargelegten Besonderheiten der Raumstruktur, d.h. der Tatsache, dass es sich bei der Population des Affenplaneten nicht um eine in einem selbstständigen Jahrmillionen alten Evolutionsprozess entstandene, sondern um einen Ableger der irdischen Population handelt, von vornherein nicht ins Gewicht fallen.

[73] Womit auch die Funktion der Existenz des Metaereignisses auf der Erde zu einem der eigentlichen zeitlichen Situierung des Textes vorausgehenden Zeitpunkt ersichtlich wird.

Zeitgenössischer Kontext / Bezugnahmen[74]

Einem Vergleich, einer Analogisierung der auf dem Affenplaneten sich ereigneten Handlung mit der extratextuellen Welt steht damit nichts mehr im Wege, wobei jene in abstrahierter Form etwa wie folgt lauten müsste: Eine Gruppe X unterstützt eine Gruppe Y, damit diese Aufgaben, die sie nicht machen möchte, für sie erledigt, was jedoch zur Folge hat, dass Gruppe Y dadurch die Möglichkeit bekommt, Gruppe X anzugreifen, was sie dann auch tut.

Wird nun zudem bedacht, dass die Menschen des Affenplaneten nichts weiter als Abkömmlinge der Besatzung der auffällig oft bis penetrant als US-amerikanisch attributierten Raumstation Oberon darstellen, dass also Gruppe X durch USA zu ersetzen ist, dann lassen sich Parallelen zu einem außertextuell gegebenen Phänomen durchaus erkennen: den Osama bin Laden und seiner Terrororganisation Al-Quaida zugeschriebenen Terroranschlägen gegen US-amerikanische Einrichtungen und Staatsbürger um die Jahrtausendwende herum. Auch das bedarf einiger historischer Ausführungen.

Am 26. Februar 1993 explodiert ein mit 700 kg Sprengstoff gefüllter Van in der Tiefgarage des Nordturms des New Yorker World Trade Centers, reißt ein 30 Meter großes Loch über sechs Geschosse und tötet sechs Menschen. Am 7. August 1998 kommt es zu einer Serie von gleichzeitig gezündeten Autobomben in der tansanischen Hauptstadt Daressalem und in der kenianischen Hauptstadt Nairobi. Das Ziel war in beiden Fällen die Botschaft der Vereinigten Staaten. Es sterben 223 Menschen und mehr als 4000 werden verletzt. Am 12. Oktober 2000 kommt es zu einem Selbstmordanschlag auf den Zerstörer USS Cole der US-Navy. Ein mit Sprengstoff beladenes kleines Boot mit zwei Personen steuert das im Hafen von Aden (Jemen) anliegende Schiff an und detoniert mittschiffs. Ein zwölf Meter großes Loch wird in den Rumpf gerissen und 17 Matro-

[74] Zum historischen Kontext der Neuverfilmung und den jeweiligen Angaben im vorliegenden Text vgl. hierzu und im Folgenden: Hacke 1997, S. 259-265; Heideking / Mauch 2008, S. 387-464; Johnson 2000; Karsh 2007, S. 330-351; Randal 2004; Schweigler 2004; Scott 2004, S. 19-98; Stöver 2007, S. 410-416; Wright 2007.

sen kommen ums Leben.[75]

Dass sich im Nachhinein nicht alle dieser Anschläge unmittelbar auf Bin Laden und Al-Quaida zurückführen lassen – beispielsweise sieht das FBI mittlerweile keinen ausreichenden Nachweis für seine Beteiligung an den Anschlägen von 2001 gegeben und für die Bombenanschläge von 1998 übernahm die Organisation Islamischer Dschihad die Verantwortung –, ist unerheblich. Wichtig ist nur, dass die Öffentlichkeit Osama bin Laden und Al-Quaida für diese Anschläge verantwortlich sieht. Das ist deshalb ein zentraler Punkt, weil mit der Täterschaft Bin Ladens und seiner Al-Quaida ein ganz bestimmtes Erklärungsmodell für das Zustandekommen dieser Anschläge möglich wird: eine verfehlte Politik der Vereinigten Staaten im Afghanistankrieg.

Die Ende 1979 von der Sowjetunion begonnene Invasion Afghanistans mit dem Ziel, die vor kurzem an die Macht gekommene kommunistische Demokratische Volkspartei Afghanistans zu stützen bzw. zu reinstallieren, stieß sowohl auf Seiten der islamischen Staaten als auch der USA auf Widerstand. Doch weder die einen noch die anderen wollten aufgrund der hohen Risiken direkt und offiziell in den nun beginnenden Kampf eingreifen. Sie beschränkten sich auf die Unterstützung der antikommunistischen / antisowjetischen und damit islamischen Kräfte. Pakistan übernahm in Form seines Geheimdienstes ISI die Organisation und Ausbildung der Widerstandsgruppen, die Verteilung von Waffen und die strategische Planung des Krieges und bot zudem auch sein Staatsgebiet als Rückzugsraum an. Im Laufe der Zeit absolvierten so über 80000 afghanische Mudschahedin-Kämpfer eine Waffenausbildung in pakistanischen Lagern. Die USA unterstützten den ISI wiederum durch die CIA mit Geheimdienstinformationen und Waffenlieferungen und – vielleicht am wichtigsten – sie trugen zusammen mit Saudi-Arabien, das sich verpflichtete, jeden amerikanischen Dollar zu verdoppeln, auch die finanziellen Kosten dieses Krieges.

---

[75] Die am 11.9.2001 erfolgten Selbstmordanschläge auf das New Yorker World Trade Center und das amerikanische Verteidigungsministerium können dagegen nicht mehr zum Produktionszeitraum des Filmes gezählt werden; bedingt aber zum noch aktuellen Rezeptionszeitraum.

Das Motiv der Amerikaner war es dabei einerseits, nicht ein Land in geostrategischer Lage an die Sowjetunion und den Kommunismus zu verlieren, andererseits aber den Sowjets ein eigenes Vietnam, also einen langen zermürbenden Krieg gegen lokale Guerillas zu bereiten. Und sie hatten mit beidem auch Erfolg: 1989 – also nach zehn Jahren Krieg – mussten sich die Sowjets geschlagen zurückziehen, den Tod von 15000 Soldaten und zehntausende Verwundete hinnehmen sowie das Land ohne kommunistisches System verlassen. Doch man hatte nicht nur gewonnen, sondern sich auch einen neuen zukünftigen Feind geschaffen, quasi großgezogen: Osama bin Laden und seine militanten islamischen Kämpfer. Eine der von den USA unterstützten Gruppen während des Krieges war nämlich die des saudi-arabischen Millionärs Bin Laden. Inwieweit er wirklich direkte Unterstützung erhalten hat, mag strittig sein – so bestreitet er in einem Interview aus dem Jahre 1999 jemals Hilfe von den Vereinigten Staaten erhalten zu haben – doch profitierte er auf jeden Fall insofern von der US-amerikanischen Strategie, als dass ihm durch den Krieg – der ohne die USA ja so nicht möglich gewesen wäre – überhaupt die Möglichkeit gegeben wurde, an einem islamischen Kampf gegen eine säkulare Macht teilzunehmen. Zudem gilt auch hier das selbe, was schon hinsichtlich der Täterschaft der einzelnen Anschläge gesagt worden ist: Wichtig ist nicht, was konkret wahr ist, sondern was von der Öffentlichkeit für wahr gehalten wird / wurde und damit auch, dass Osama bin Ladens Taten von der damaligen US-amerikanischen Außenpolitik mitverschuldet wurden, man sich Bin Laden quasi erst selbst erschaffen hatte:

> Zu den längerfristigen und tiefergehenden Ursachen des islamischen Terrors gibt es verschiedene Theorien: ‚Antiimperialistische' Erklärungsmuster machen den Westen – hier wiederum besonders die USA und Israel – aufgrund ihrer angeblich verfehlten Nahostpolitk selbst für den Hass verantwortlich. Die Tatsache, dass Bin Laden ein ehemaliger Verbündeter der USA und speziell der CIA war, wird auch als Beweis für eine fatale Außenpolitik gesehen, bei der die Unterstützung militanter Gruppierungen während des Kalten Krieges in den entsprechenden Ländern eine Situation geschaffen habe, die schließlich auf die USA

selbst zurückgefallen sei.[76]

Oder:

> Darüber hinaus verdoppelte das saudi-arabische Königshaus jeden amerikanischen Dollar Hilfeleistung, der in den Widerstandskampf nach Afghanistan floß. Zusammen schuf dies zumindest einen wesentlichen Teil der materiellen Grundlage für den nach dem Kalten Krieg beginnenden Kampf der fundamentalistischen Gruppen gegen den Westen.[77]

Zu finden ist diese Argumentation dabei nicht nur in neueren, die Anschläge vom 11. September 2001 einschließenden und damit nur bedingt in den zeitgenössischen Kontext des Filmes fallenden Publikationen, sondern schon in Veröffentlichungen vor dem Jahre 2001. Paradigmatisch sei hier die entsprechende Stelle in dem im Jahre 2000 von Chalmers Johnson veröffentlichten, übrigens sehr populären und erfolgreichen Buch *Ein Imperium verfällt. Wann endet das amerikanische Jahrhundert?*[78] zitiert, die gerade diesen Afghanistan-Terroranschläge-Komplex als einführendes Beispiel für die in dem Buch thematisierten *Blowbacks / Rückstöße* – also die unbeabsichtigten negativen Folgen von außenpolitischen Aktivitäten – anführt:

> So wird überall auf der Welt die Gefahr künftiger Rückstöße beschworen. Außerdem ignorieren diese Regierungssprecher die Tatsache, dass der angebliche Hauptverantwortliche für die Bombenanschläge, Osama bin Laden, ein ehemaliger Protegé der Vereinigten Staaten ist. In den achtziger Jahren spielte er bei der Organisation des afghanischen Widerstandes gegen die UdSSR und die Vertreibung der Sowjets aus Afghanistan eine wichtige Rolle. [...] Die Bombenanschläge auf die amerikanischen Botschaften in Afrika waren also, sollten sie tatsächlich bin Ladens Werk gewesen sein, keine grundlosen Terrorakte, sondern ein Beispiel für einen Rückstoß.[79]

Explizit bedient sich der Film also der sich am Ende der 90er Jahre entwickelten neuen US-amerikanischen Ängste[80] und zeigt darauf aufbau-

---

[76] http://de.wikipedia.org/wiki/Terroranschläge_am_11._September_2001; letzter Abruf am 10.01.2009.

[77] Stöver 2007, S. 416.

[78] Engl: ‚Blowback: The Crisis of the American Empire'.

[79] Johnson 2000, S. 28.

[80] Vor dem Hintergrund dieser Analogie (und damit der Tatsache, dass Affen durch

end – wozu die Wahl der Transposition des Geschehens auf einen unbewohnten Planeten ideal ist – eine überzeichnete Schreckenszukunft, in der die Folgen eines Sieges der US-amerikanischen Feinde für die USA aber auch für die ganze Welt – immerhin werden ja alle Menschen unterjocht – thematisiert wird.

Gleichzeitig aber verdeutlicht die narrative Entwicklung im Text, dass sowohl Ursache als auch Erscheinung des Systemwechsels erfolgreich bewältigt werden können. Sie müssen es geradezu, da es sich bei der eigenen Ordnung, beim eigenen politischen und gesellschaftlichen System eo ipso um das einzig richtige handelt. Nur aufgrund übertriebener Vorsicht kann es überhaupt zu einem Systemwechsel kommen, weshalb – und das ist ein argumentatives Paradoxon – sich Volk und politische Führer in einem steten existenziellen Kampf um die eigene, richtige Ordnung befinden. Da man dem Feind moralisch und intellektuell weiterhin überlegen ist, gilt es nicht in erster Linie ihn zu besiegen, sondern die eigenen Fehler, die zu dieser Situation geführt haben, zu beheben.

Im Text spiegelt sich also nichts anderes als das ambivalente Selbstbild-

---

Islamisten zu ersetzen sind) wundert es kaum, dass die Affengesellschaft recht eindeutig mit undemokratisch-theokratischen Systemen korelliert wird: Thade, der Führer der Affen, bezieht seinen Führungsanspruch aus der direkten Abstammung von Semos (vgl. Min. 55 / 68), den angeblich „erste[n] Affe[n], [dem] vom Allmächtigen der erste Atem des Lebens eingehaucht" (Min. 58) wurde, der zugleich einen gott- und messiasähnlichen Status inne hat (vgl. Min. 32 / 95). Dass es sich um eine dynastisch-religiöse Legitimierung handelt, wird insbesondere im Kontrast zu den Menschen deutlich, bei denen Leo ein quasi-plebiszitäres Mandat auf Zeit, d.h. nur für die Dauer des Kampfes gegen die Affen, erhält (vgl. Min. 73f.). Als politisch und religiös pikant kann in diesem Zusammenhang der Sachverhalt angesehen werden, dass sich im Laufe des Filmes herausstellt, dass Semos nichts weiter als der Anführer der blutigen Affenrebellion war (vgl. Min. 73 / 82), da damit auch der Glaube der Affen als ein nur auf Gewalt und Lügen basierender Pseudoglauben desavouiert wird. Vgl. dazu Attars Erkenntnis, der ja der größte Eiferer der Religion um Semos war: „Alles, woran ich geglaubt habe, war eine Lüge! Sie und ihre Familie haben uns betrogen!" (Min. 98). Dass es sich tatsächlich um eine Lüge, d.h. eine wissentliche Hintergehung, handelt, wird in der Sterbeszene von Thades Vater deutlich: „Ich muss dir was sagen. Etwas was mein Vater mir gesagt hat. Und sein Vater ihm. Bis zurück zu unseren Vorfahren, zu Semos. In der Zeit vor der Zeit waren wir die Sklaven und die Menschen waren unsere Herren" (Min. 54).

nis der US-Amerikaner nach dem Zerfall der Sowjetunion wider: einerseits der uneingeschränkte Glaube an sich selbst und das über den Kommunismus siegreiche System und andererseits die gleichzeitige Angst vor möglichen, aber nicht definierbaren Feinden in einer nunmehr multipolaren Welt.

3.2 Text – Text

Zur Überprüfung der Kongruenz zwischen den jeweiligen Textstrukturen und den durch den Prätext quasi vorgegebenen Strukturen soll zunächst der aufgrund der Anpassung an den kulturellen Strukturwandel erfolgte innertextuelle Strukturwandel in Serie und Neuverfilmung rekonstruiert und im Anschluss daran problematisiert werden.

Die Rekonstruktion selbst wird dabei in zwei Schritten erfolgen: erstens die Bestimmung des Kulturwandels, also der Unterschiede hinsichtlich der kulturell-textuellen Thematiken durch Vergleich des jeweiligen Textes (der Serie oder der Neuverfilmung) mit dem Roman; zweitens die Bestimmung der für diesen Unterschied erforderlichen Transformation auf textuell-struktueller Ebene. Anschließend kann dann die Transformation hinsichtlich möglicher Probleme untersucht werden.

Hingewiesen sei noch auf zwei Besonderheiten: Zum einen soll die Betrachtung der Neuverfilmung der Serie vorgezogen werden, d.h. entgegengesetzt der chronologischen Reihenfolge und der Reihenfolge im Analyse-Teil. Zweitens wird in dem Unterkapitel, welches sich mit den durch den innertextuellen Strukturwandel verursachten Problemen beschäftigt, auch auf mögliche sich daraus ergebende Probleme in allgemeiner, textstrukturell-systemischer Hinsicht eingegangen. Das Vorgehen sowohl im einen als auch im anderen Fall hat argumentative Gründe, die sich im Verlauf der Betrachtung von selbst erklären werden.

3.2.1 Neuverfilmung – Roman

Kultureller / textkultureller Vergleich

Von der jeweiligen Textaussage her gesehen könnten die Unterschiede zwischen Roman und Neuverfilmung größer nicht sein. Während der Roman eine absolut pessimistische Sicht der Dinge an den Tag legt und den baldigen Untergang des eigenen Systems vorhersagt, preist die Neuverfilmung ihres über alle Maßen. Es ist das Beste und Gefahr droht nur dann, wenn eben dies vergessen wird. Was also die Neuverfilmung im Vergleich zum Roman macht, ist eine vollkommene Umsemantisierung. Beide spiegeln damit aber den jeweiligen Zeitgeist ihrer Kultur wider: der Roman den Pessimismus der 60er, die Neuverfilmung den Optimismus der 90er.

Vor diesem Hintergrund jedoch sollte nicht übersehen werden, dass die eigentliche Substanz der behandelten Thematik erhalten bleibt. Mag sich die Neuverfilmung nämlich auch hinsichtlich des Aussageergebnisses um 180 Grad gedreht haben, so thematisiert auch sie im Kern dasselbe: die Ablösung durch das Fremde – nur sind es keine Sowjets mehr, sondern islamistische Terroristen. Thematisiert werden in beiden Fällen nichts anderes als Ablöseängste, und zwar kollektive.

Textstruktureller Vergleich

Wie den Einzeltextanalysen nicht schwer zu entnehmen ist, wird der Unterschied zwischen pessimistischer und optimistischer Sicht durch Veränderungen an zwei Stellen verursacht:[81] zum einen durch die jeweilige Semantisierung bzw. Attributierung von Affe und Mensch, zum anderen durch die Art der Behebung der durch die Grenzüberschreitung verursachten inkonsistenten Situation.

Wie im theoretischen Teil zu Lotmans Grenzüberschreitung dargelegt, stellt die Tilgungsart, hier also das Eintreffen oder Nicht-Eintreffen des Metametaereignisses, eine Aussage über die Höherwertigkeit der einen

---

[81] Vgl. dazu auch Klimczak 2007.

Ordnung über die andere dar.
Bei der Frage nach dem Zustandekommen des Metametaereignisses / der Systemwiederherstellung wird jedoch, da es sich bei Hinzunahme des kulturellen Kontextes nicht um eine bereits geschehene, sondern um eine als möglich gesetzte Zukunftsprojektion handelt, nicht das Metametaereignis / die Systemwiederherstellung selbst thematisiert, sondern die Möglichkeit, den zukünftig eintreffenden Systemwandel zu verhindern. Dieses uneigentlich zu lesende Metametaereignis bzw. Nicht-Metametaereignis entsteht dabei einerseits durch die zeitliche Ungleichheit von textueller und zeitgenössischer kultureller Gegenwart; andererseits aber dadurch, dass eine Figur der textuellen Vergangenheit, und damit eine Figur der außertextuellen kulturellen Gegenwart, ‚beauftragt' wird, jenes Metametaereignis herbeizuführen.
Auch wenn dieses Zustandekommen oder Nicht-Zustandekommen letztendlich ausschlaggebend ist und auch den größten Anteil an der jeweiligen Textaussage von Neuverfilmung und Roman hat, leistet die Attributierung der Figurengruppen ihren Anteil daran, indem sie den Hauptort der jeweiligen Begründung für das Zustandekommen oder Nicht-Zustandekommen des Metametaereignis darstellt und damit das jeweilige Ergebnis nicht nur unterstützt, sondern geradezu präjudiziert. Weil der Mensch in der Neuverfilmung ‚besser' ist als der Affe, kommt es zur Systemwiederherstellung und weil der Affe im Roman ‚besser' ist als der Mensch, kommt es dort zu keiner Systemwiederherstellung.

Problematisierung I

Bevor der Blick auf mögliche Inkongruenzen hinsichtlich der vom Prätext vorgegebenen Strukturen gerichtet wird, soll – wie angekündigt – zunächst einmal nach möglicherweise sich ergebenden textstrukturell-systemischen Problemen gefragt werden, wobei festgestellt werden kann, dass hinsichtlich dieser Perspektive sich die von der Neuverfilmung im Vergleich zum Roman innerhalb der textuellen Struktur vorgenommenen Unterschiede nicht beanstanden lassen.

Die Wahl einer unterschiedlichen Lösung der durch den Grenzüberschreiter verursachten inkonsistenten Situation ist vom Lotmanschen System nicht nur freigestellt, sondern konstitutiver Bestandteil dessen. Nur weil es Alternativen hinsichtlich einer Ereignistilgung gibt, sind diese überhaupt von Bedeutung.[82]

Ähnlich verhält es sich auch bezüglich der unterschiedlichen Attributierung bzw. Semantisierung von Affe und Mensch in Roman und Neuverfilmung. Auch eine Veränderung in Bezug auf diesen Aspekt ist im Lotmanschen System angelegt. Erinnert sei an dieser Stelle an die Genese der erzählsemantischen Theorie: Zum einen betrifft dies die Seiten 323-329 in Lotmans Hauptwerk *Die Struktur literarischer Texte*[83], zum anderen insbesondere seinen kurz zuvor veröffentlichten kulturtheoretischen Aufsatz *Zur Metasprache topologischer Kulturbeziehungen*[84]. Unter Punkt 6.1 stellt er dort sein Innen-Außenraum-Schema vor und bemerkt dazu Folgendes:

> Da der innere Raum geschlossen und mit einer endlichen Anzahl von Punkten gefüllt ist, der äußere Raum aber offen, ist es natürlich die Opposition ‚Inneres ↔ Äußeres' als räumliche Aufzeichnung der Antithese ‚Organisiertes (das über eine Struktur verfügt) ↔ Nichtorganisiertes (das nicht strukturiert ist)' zu interpretieren. In verschiedenen kulturellen Texten kann sie unterschiedlich interpretiert werden und sich z.B. in folgenden Oppositionen realisieren: mein Volk ↔ fremde Völker / Geweihte ↔ Profane / Kultur ↔ Barbarei / Intelligenz ↔ Volk / Kosmos ↔ Chaos[85]

Lotman zieht daraus die Erkenntnis, dass die Raumstruktur aufgrund überindividueller, geradezu ahistorischer Raumwahrnehmung den bevorzugten Ort der Basisparadigmen darstellt und sich aus der ‚Füllung' der Raumstruktur die jeweils konkreten textuellen Basisparadigmen ableiten lassen. Insofern ist diese Stelle der Grundstein für seine später formulierte Grenzüberschreitungstheorie. Die eigentliche Erkenntnis ist jedoch die, dass mit ein und demselben ‚Rahmen' verschiedene Ge-

---

[82] Vgl. Krah 1999a, S. 7.

[83] Lotman 1993 (Ersterscheinung: 1970 als *Struktura chudožestvennogo teksta*).

[84] Lotman 1974a (Ersterscheinung: 1969 als *Trudy po znakovym sistemam*).

[85] Lotman 1974a, S. 350f.

schichten erzählt werden können. Ob nämlich der Kampf zweier Völker, der Gegensatz von Kultur und Barbarei oder die Auseinandersetzung zwischen Geweihten und Profanen dargestellt werden – alle diese Geschichten gehen auf dasselbe Baumuster / Schema zurück.

Bei der vom Roman hin zur Verfilmung zu beobachtenden Transformation ist der Fall dabei nicht annähernd so substanziell. Verändert wird nämlich nur die Semantik von Affe und Mensch, also nur die Attributierung beider Figurengruppen und nicht die Semantik / Semantisierung der Räume an sich. In beiden Texten basiert die statische Grundordnung des narrativ-semantischen Systems auf der Semantisierung der (Zeit-)räume mit einem jeweils umgekehrten Hierarchieverhältnis von Affe und Mensch. Die Möglichkeit von sich aufgrund der Veränderungen der Neuverfilmung gegenüber dem Roman ergebenen textstrukturell-systemischen Problemen muss also eindeutig negiert werden.

Problematisierung II

Gleiches gilt auch für die Frage nach möglichen Inkongruenzen hinsichtlich der vom Prätext vorgegebenen Strukturen.

Die inkonsistente Situation, hervorgerufen durch das Metaereignis in Kombination mit einer Grenzüberschreitung einer Figur aus einer vom Menschen dominierten Ordnung in eine von Affen dominierte Ordnung, kommt in beiden Texten zustande. In beiden Fällen geht es dann um die Lösung dieser Situation und um die Frage, ob es zur Reinstallierung der früheren Ordnung kommt oder nicht. Da aber das Eintreffen oder Nicht-Eintreffen des Metametaereignisses auch im Roman verhandelt wird, muss dessen Eintreffen oder Nicht-Eintreffen als offen und damit das dortige Nicht-Eintreffen als nicht vorgegeben angesehen werden.

Ebenso verhält es sich bei der Veränderung der Attributierung von Affe und Mensch durch die Neuverfilmung. Sowohl im Roman als auch in der Neuverfilmung bleibt das im Text eigentlich Verhandelte – eben die Ablösung der Menschen durch die Affen und die Frage nach einer dahingehenden Systemwiederherstellung – bestehen.

In beiden Fällen, also sowohl hinsichtlich der Veränderung der Ereignistilgung als auch der Veränderung der Figurensemantiken, handelt es sich also nicht um vom Prätext vorgegebene Strukturen, die eine Veränderung nicht erlauben würden. Dies bedeutet wiederum nichts anderes, als dass keine Inkongruenz zu den Reihenstrukturen vorhanden ist.
Da eine solche auch hinsichtlich des kulturellen Kontextes nicht festzustellen war, kann von einem die negative Resonanz und das Ausbleiben weiterer PdA-Texte entschuldigenden zeitgenössischen Kontext, einem nicht-absorbierbaren Kulturwandel also, nicht die Rede sein.

3.2.2 Serie – Roman

Kultureller / textkultureller Vergleich

Die Neuverfilmung mag sich hinsichtlich der textuell-kulturellen Aussagen von denen des Romans um 180 Grad unterschieden haben. Doch wie gezeigt, behandelten beide das gleiche Thema: Systemwandel- / Systemablöseängste.
In der Serie jedoch geht es nicht mehr um die Angst vor der Ablösung des eigenen Systems oder um die Frage, ob dieses noch abgewendet werden kann bzw. wie es abzuwenden ist, sondern wie bereits erwähnt um einen ganz anderen Sachverhalt: Um die Installierung von Freundschaft, Familie und Werten und wie diese erreicht werden können. Die Themen Herrschafts- und Hierarchiewechsel, also die kulturellen Aussagen des Romans, werden dabei nur insofern tangiert, als dass sie als nicht verhandlungswürdig, nicht thematisierbar gesetzt werden.

Textstruktureller Vergleich

Die Anpassung an den kulturellen Wandel gelang, indem eine zusätzliche / zweite Raumsemantisierung eingebaut wurde. Verantwortlich da-

für, dass das Thema der Serie die Installation von Familie, Freundschaft und Werten ist, ist ja das Trio, das in jeder Folge in einen neuen Teilraum dieser Welt des 31. Jahrhunderts eindringt bzw. gezwungen ist einzudringen, der sich durch ‚Nicht-Freundschaft', durch ‚Feindseligkeit' zumindest ihnen gegenüber oder überhaupt allen gegenüber auszeichnet und es ihnen durch Fürsorge und Hilfeleistung gegenüber den Figuren dieses Raumes gelingt, sie zu Freunden zu machen. Neben der all diese Teilräume auszeichnenden Semantik von Affenherrschaft und Unterordnung des Menschen existiert also diese zweite Semantik – eine zusätzliche statische Grundordnung, die in Kombination mit der dynamischen, also dem Eindringen des Trios als Grenzüberschreitung und der Installation von Freundschaft als Ereignistilgung dieser Grenzüberschreitung durch Metaereignis – die im Vergleich zum Roman vollkommen andere Thematik installiert.
Der zweite Unterschied zum Roman, der also, dass die im Roman gesetzte Thematik, die Frage nach dem Wandel des Hierarchieverhältnisses, sei es nun abhängig von eigentlicher und uneigentlicher Lesart das von Affe und Mensch oder Kapitalismus und Kommunismus, wird wenn nicht auf gleiche, so doch auf ähnliche Art und Weise erreicht und ist mit erstem zudem noch korelliert.
Er erfolgt durch etwas, was man als Sekundarisierung der auf dem Hierarchieverhältnis von Affe und Mensch aufbauenden Semantik bezeichnen könnte, durch Unterordnung bzw. Abwertung dieser Semantik unter bzw. zugunsten der von ‚Freundschaft / Familie' und ‚Nicht-Freundschaft / Nicht-Familie' – konkret also durch Nicht-Auflösung und Funktionalisierung der Inkonsistenz. Ersteres meint, dass die vor dem Hintergrund dieser Semantik entstandene inkonsistente Situation nicht in einen konsistenten Zustand überführt wird, es konkret also weder zur Rückkehr der beiden Astronauten auf die Erde des 20. Jahrhunderts kommt, noch zur Unterordnung der beiden unter die Affenherrschaft oder der Beseitigung des zum 20. Jahrhundert oppositionellen Herrschaftssystems. Zweites meint, dass diese Inkonsistenz funktional für das Funktionieren der von der anderen Raumsemantik aufgebauten / agierenden Ereignisstruktur

eingesetzt wird. Die Nicht-Auflösung der Inkonsistenzen hinsichtlich des Hierarchieverhältnisses von Affe und Mensch und die sich daraus ergebende Jagd auf das Trio ist es ja, was ihr ständiges Eindringen in neue Teilräume erzwingt und damit das dortige Entstehen von Freundschaft, Familie und Werten, also das Herbeiführen von Konsistenz vor dem Hintergrund der anderen Semantik bewirkt.

Problematisierung I

Auch bei der Serie soll, bevor der Blick auf mögliche Inkongruenzen hinsichtlich der vom Prätext vorgegebenen Strukturen gerichtet werden soll, zunächst einmal nach möglicherweise sich ergebenden textstrukturell-systemischen Problemen gefragt werden.

Obgleich die Eingriffe hinsichtlich der Textstrukturen bei der Serie wesentlich stärker sind als bei der Neuverfilmung – immerhin lässt sie es ja nicht bei der bloßen Veränderung der Ereignistilgungsart und einer anderen Attributierung von Affe und Mensch bewenden, sondern verändert das narrativ-semantische System grundlegend durch Installierung einer zusätzlichen und Degradierung der ursprünglichen Semantik –, sind solche nicht vorhanden. Eine zweite Semantik mit eigener dynamischer Struktur, eine a priori Hierarchisierung bzw. Differenzierung in zwei unterschiedlich hierarchisierte Semantiken und Ereignisfolgen sowie ein auch längerfristiges Bestehen einer inkonsistenten Situation stellen, wie bei der Analyse der Serie zu sehen war, nichts anderes als konstitutive Bestandteile der Textgattung Serie dar.

Problematisierung II

So problemlos diese Eingriffe aufgrund der Quasi-Absorbierung durch die konstitutiven Merkmale der Gattung Serie aus der einen Perspektive auch sind, so problematisch ist die von der Serie vorgenommene Art und Weise der Anpassung an den kulturellen Strukturwandel aus der anderen Perspektive, da damit tatsächlich jene Grenze erreicht wird, von der aus keine Kongruenz mehr zu den von der Reihe vorgegebenen Strukturen möglich ist.

Zunächst jedoch zum ganz konkret in der Serie vorliegenden Problem, das schlichtweg an der hier vorliegenden Kombination von Textgattung und Textgenre liegt, also der Kombination von Strukturen der Serie mit denen der Science-Fiction: Die Textgattung Serie bringt es nämlich mit sich, dass die dargestellte Welt des Textes nicht nur über eine, sondern über zwei Raumsemantisierungen verfügt und beide zudem im Verhältnis zueinander hierarchisiert sind. Das Textgenre Science-Fiction hat dagegen zur Folge, dass die in dieser Serie als sekundär verwendete Semantisierung (das Hierarchieverhältnis von Affe und Mensch) quasi automatisch als primäre Semantik gesetzt wird. Der Grund dafür liegt in der Existenz einer Welt, in der nicht der Mensch die Herrschaft innehat, sondern der Affe. Dies nämlich stellt das dar, was Darko Suvin[86] als das für das Genre Science-Fiction konstitutive *Novum* genannt hat: die Abweichung der dargestellten Welt des Textes zur zeitgenössischen außertextuellen Wirklichkeit. Was jedoch im Normalfall bloß als Marker dafür, dass es sich beim dargestellten Text um Science-Fiction handelt, dient, hat aufgrund der Konzeption der dargestellten Welt der Serie (und der aller PdA-Texte, doch dazu später) eine selbstraumsemantisierende Funktion. Die durch die Existenz des sprechenden, denkenden, die Welt beherrschenden Affen entstandene Abweichung ist nämlich nicht nur eine bloß textexterne, d.h. eine Abweichung zur außertextuellen zeitgenössischen Ordnung, sondern manifestiert sich auch textintern: Denn eine Ordnung, die sich durch nicht-vernunftbegabte, nicht die Welt beherrschende Affen auszeichnet, ist nicht nur außerhalb der dargestellten Welt zu finden, sondern ist auch fester Bestandteil der Diegese der Serie, nämlich der Ordnung der Erde des 20. Jahrhunderts und damit des Ursprungsraumes der sich räumlich / temporal bewegenden Figuren.

Das aber bedeutet, dass es sich bei ihr um die auffälligste und auch stärkste Opposition innerhalb der dargestellten Welt handelt – sie damit also auch automatisch als Semantik der beiden topographischen / tem-

[86] Vgl. hierzu und zum Folgenden: Suvin 1979, S. 93-119.

poralen Räume angesehen werden muss. Und nicht nur das: Dadurch, dass diese Raumsemantisierung auch unmittelbar die außertextuelle Ordnung bzw. deren Negation abbildet, muss der von ihr verhandelte Gegenstand als der relevanteste erscheinen, muss es sich beim Vorhandensein mehrerer Raumsemantiken bei ihr automatisch auch um die primäre handeln. Genau aber dies tut die Serie nicht. Sie verwendet die auf dem Hierarchieverhältnis von Affe und Mensch aufgebaute Semantik für die Konstitution jenes konstitutiven Ereignisses, verwendet sie also als sekundäre Semantik, wertet sie ab, obgleich es sich bei ihr aus irdisch-menschlicher Perspektive um die primäre Semantik, um den zentralen Verhandlungsgegenstand handeln müsste. Verhandelt bzw. propagiert wird, wie gesagt, die Installierung sowie Realisierung von Werten, Freundschaften und Familien.

Vor dem Hintergrund des Vorhandenseins einer die menschliche Herrschaft abgelöst habenden Affenherrschaft in der Diegese kann ein solches Thema aber als nichts Weiteres als eine Themaverfehlung angesehen werden – als ein Verhandeln an dem vorbei, was eigentlich verhandelt gehört.

Natürlich fragt man sich, warum die Serie dann aber so vorgeht, also die eigentlich primäre Semantik sekundarisiert? Warum lässt sie sie nicht primär sein? Die Antwort darauf ist simpel. Sie tut es, weil sie es tun muss. Die Sekundarisierung der eigentlich primären Semantik, d.h. der des Hierarchieverhältnisses von Affe und Mensch, ist notwendig, damit die Anpassung an den außertextuellen Wandel vollzogen werden kann. Wie anhand der Analysen von Roman und Neuverfilmung gesehen werden konnte, war diese Semantik in beiden Texten für die Thematisierung von Systemablöseängsten verantwortlich. Dass dies nicht auch das Thema der Serie war, lag nur daran, dass diese Semantik abgewertet, sekundarisiert und eine einen anderen Verhandlungsgegenstand implizierende neue Semantik installiert wurde.

Wäre das nicht geschehen, dann wäre der Verhandlungsgegenstand der Serie ebenfalls Systemablöseängsten gewidmet, und das – so war beim Blick auf die zeitgenössische Kultur der Serie zu sehen und wird im

Schlusskapitel noch einmal zu sehen sein – war nicht mehr Thema oder Hauptthema jener Zeit; dies hätte also ein Thematisieren von etwas bedeutet, was zeitgenössisch irrelevant und uninteressant gewesen wäre.

Exkurs: Raumsemantische Vorgaben

Als Beleg dafür, dass diese auf dem Hierarchieverhältnis von Affe und Mensch basierende Semantik die Thematisierung von Systemablöseängsten impliziert, wurden die hier geleisteten Textanalysen angeführt. Die These lässt sich jedoch auch ganz allgemeingültig beweisen, wenn das, was diese Semantisierung ausmacht, etwas näher betrachtet wird.
(1) Die Oppositionalität zwischen den beiden semantischen Räumen besteht nicht aufgrund irgendeines einwertigen Merkmals und dessen Negation, sondern aufgrund eines jeweils umgekehrten hierarchischen Verhältnisses von zwei Figurengruppen.
(2) Bei den semantischen Räumen handelt es sich nicht um zwei gleichzeitig existierende und damit um ein topographisch-semantisiertes System, sondern um ein temporal-semantisiertes System. Der eine semantisierte Raum stellt die Ablösung des anderen semantisierten Raumes dar oder anders ausgedrückt: Die eine Ordnung stellt die Ablösung der anderen Ordnung in demselben topographischen Raum dar.
Allein daraus folgt bereits, dass diese Raumsemantik die Thematisierung von Systemwandel implizieren muss. Ein In-Verhältnis-Setzen dieser Semantik zum außertextuellen Kontext vermag zudem deren Thema-Implikation noch weiter zu spezifizieren. Grundlage dafür stellt dabei der Sachverhalt dar, dass es sich bei dieser Semantik nicht um beliebige Figurengruppen, sondern um Affen und Menschen handelt und, obwohl Affe und Mensch uneigentlich gelesen werden, sie als Grundträger der jeweiligen Substitution ja auch weiterhin als solche vorhanden sind. Das nämlich führt in Kombination damit, dass im zeitgenössischen kulturellen Kontext der Mensch und nicht der Affe die Herrschaft innehat, dazu, dass es sich bei den auf dieser Raumsemantik aufgebauten System-

wandel-Geschichten um solche von einem zukünftigen Wandel[87] handelt. Genauer gesagt handelt es sich um einen von einer Ablösung des jetzigen Systems bzw. der dieses System dominierenden Figurengruppe,[88] wobei es sich beim abgelösten System um das eigene, das des ‚Wir' handelt.[89] Die damit erzählten Geschichten stellen also allesamt negative Zukunftsszenarien für das ‚Wir' dar, können damit auch nur dann für das außertextuelle ‚Wir' von Interesse bzw. Relevanz sein, wenn in der außertextuellen Kultur die Möglichkeit eines solchen Szenarios existiert, wenn also Systemwandelängste existieren.

Problematisierung III

Kommen wir zurück zur Serie: Wie gesehen werden konnte, ist die Serie aufgrund des kulturellen Wandels damit in dem Dilemma, dass sowohl Sekundarisierung als auch Nicht-Sekundarisierung der auf dem Hierarchieverhältnis von Affe und Mensch aufbauenden Semantik zu Problemen führt.

Dennoch sei es an dieser Stelle erlaubt, noch eine andere Möglichkeit zur Vermeidung dieses Problems zu durchdenken. Nicht deshalb, weil es sich dabei um den Ausweg aus dem Dilemma handelt, sondern deshalb, weil daran zu sehen ist, dass das hier dargelegte Problem der Themaverfehlung(en) im Grunde genommen kein Problem der Kombination von Textgattung und Textgenre ist und damit ein nur die Serie betreffendes, sondern eines der ganzen PdA-Reihe, und die Textgattung Serie in dieser Hinsicht noch die beste Lösung für dieses Dilemma darstellt.

Ist es – wenn schon das Belassen des Primärstatus der ersten Semantik aufgrund der dann nicht realisierbaren Anpassung an einen entspre-

---

87 Grund: In der außertextuellen Wirklichkeit ist ein Wandel hin zu einer von Affen beherrschten Welt ja nicht eingetreten.

88 Grund: Das Eintreten dieses Wandels würde die Ablösung des jetzt bestehenden Systems mit dem Menschen als Herrschenden darstellen und damit auch die Ablösung des Menschen als Herrschenden.

89 Grund: ‚Mensch' und ‚Affe' implizieren vor dem Hintergrund der außertextuell gegebenen biologischen Verhältnisse automatisch auch das Merkmalspaar ‚das Eigene' / ‚Wir' und ‚das Andere / ‚die Anderen'.

chenden kulturellen Wandel nicht möglich ist, gleichzeitig aber ihre Sekundarisierung dazu führt, dass damit quasi ebenfalls eine Themaverfehlung verursacht wird – möglich, die auf dem Hierarchieverhältnis von Affe und Mensch basierende Semantik einfach wegzulassen? Wie wohl unschwer zu erkennen ist, handelt es sich hierbei um eine nicht realisierbare Möglichkeit. Denn was man auch immer als gemeinsame Grundstruktur eines PdA-Textes ansehen möchte, das Vorhandensein eines Affenplaneten (also eines Raumes, dessen Ordnung von der Herrschaft der Affen bestimmt wird) und der Sachverhalt, dass dieser Ordnung eine umgekehrte (d.h. ein von Menschen beherrschtes System) vorausging, muss sicherlich als kleinster gemeinsamer Nenner eines PdA-Textes angesehen werden, kann also nicht einfach weggelassen werden.

Das bedeutet aber, dass jedem PdA-Text, will er etwas anderes als Systemablöseängste thematisieren, dafür nur die Mittel zur Verfügung stehen, die auch die Serie angewandt hat, d.h., eine zweite zusätzliche Semantik aufzubauen und diese gegenüber der von der Reihe vorgegebenen Semantik durch Sekundarisierung dieser als primäre zu setzen.

Tut der PdA-Text das nicht, so verhandelt er mit der Thematisierung von Systemablöseängsten bei einem diesen Aspekt betreffenden Kulturwandel aufgrund der nun nicht mehr vorhandenen Relevanz einer solchen Thematik am Geschehen seiner Zeit vorbei. Tut er das doch, dann bewahrt es ihn, wie an der Serie zu sehen war, dennoch nicht vor dem Problem, damit eine Thematik wider den eigenen (Reihen-)Strukturen zu thematisieren.

Und nicht nur das: Die Serie verfügte ja qua Gattung über die Mittel, um trotz Zugehörigkeit zur PdA-Reihe eine solche andere Thematik aufbauen zu können. Texte anderer Gattungen sollten darüber hinaus auch Probleme in strukturell-systemischer Hinsicht bekommen, was dann wiederum mit Inkohärenzen verbunden sein sollte und folglich mit Verwirrung seitens des Rezipienten, einer geringeren oder negativen Resonanz und dem letztendlichen Ausbleiben weiterer Produktionen einhergehen müsste. Und genau diese zusätzlichen erschwerten Bedingungen treffen auf die der Serie noch bis 1976 nachfolgenden Texte zu.

4. Zurück in die Zukunft

Kurz gesagt: Die in den Jahren 1975 und 1976 erschienenen PdA-Texte hatten keine Chance zu bestehen. Die Kultur hatte sich derart gewandelt, dass eine Anpassung nur unter Ad-Absurdum-Führen der eigenen Strukturen möglich war.

Von mangelndem Können der Autoren, Regisseure oder Produzenten kann deshalb nicht die Rede sein. Die betreffenden Texte leisten beim Versuch, etwas anderes als die von ihren Strukturen eigentlich vorgegebenen Systemablöseängste zu thematisieren, vom textanalytischen Standpunkt her gesehen Beachtliches.[90]

Die ‚Zeiten des Wandels' – wie die 1960er und Anfänge der 1970er Jahre gerne bezeichnet wurden[91] – waren 1974 / 75 aber endgültig vorbei. Sowohl in außenpolitischer Hinsicht, mit der zwar schrittweisen aber beständigen Annäherung der beiden weltpolitischen Machtblöcke, vom Höhepunkt der Kubakrise bis zu den Abrüstungsverträgen SALT1 und SALT2, als auch in innenpolitischer Hinsicht standen keine gravierenden, die Massen bewegenden Veränderungen mehr an. Ob Schwarzen-, ob Frauen-, ob Homosexuellen-, ob Studenten-, ob Hippie- oder Indianerbewegung, dies waren allesamt Emanzipationsbewegungen, die für die jeweilige Gruppe auf der anderen Seite (Weiße, Männer, Eltern etc.) mit einem möglichen Machtverlust und damit auch mit Angst, eben Systemablöseangst, verbunden waren. All diese Bewegungen hatten, wie gezeigt, bis Mitte der 1970er Jahre ihren Zenit längst überschritten und

---

[90] Deren Lektüre kann – nicht nur im Sinne einer Überprüfung dieser These – nur empfohlen werden.

[91] Vgl. den Titel des den Zeitraum von 1961 bis 1974 (!) abdeckenden Heftes der Bundeszentrale für politische Bildung: Borowsky, Peter u. a. (1998): *Zeiten des Wandels. Deutschland 1961-1974*. Informationen zur politischen Bildung Nr. 258 / 1998.

bald ein Ende gefunden.

An diesem Zustand änderte sich in den darauf folgenden Jahren nicht viel. Trotz neuer Kriege, mancher Krisen – ein ähnlicher Nährboden, wie die 60er und Anfang der 70er Jahre für die PdA-Texte bildeten, war auch mittelfristig nicht mehr gegeben. Dies gilt dabei auch für den Zusammenbruch des Kommunismus Ende der 80er, Anfang der 90er Jahre. Zwar handelte es sich hierbei durchaus um einen Wandel und auch durchaus um einen mit Machtverlust verbundenen; aber eben nicht für die Amerikaner oder ihre westlichen Verbündeten.

Erst am Ende der 90er Jahre entwickelte sich so etwas wie eine neue Systemablöseangst. Diese Angst vor Terroristen, vor allem vor Andersgläubigen, die danach trachten, das eigene auf christlich-demokratischen Werten aufgebaute System zu zerstören, ist dabei auch aus mentalitätsgeschichtlicher Perspektive durchaus fassbar gewesen; es artikulierte sich – konkrete Untersuchungen dazu fehlen jedoch bisher – beispielsweise in der US-amerikanischen Filmproduktion. Verwiesen sei hier nur auf den Film *Ausnahmezustand*[92] aus dem Jahre 1998, da er ein solches Szenario recht unverblümt, also nicht mit Stellvertretern der einzelnen Gruppen, wiedergibt. Anders gesagt, die Zeit, die Kultur war wieder reif für PdA-Texte. Einer Wiederauflage von PdA stand von nun an nichts mehr im Wege; und das nicht nur für einen Film, sondern für eine ganz neue Reihe von PdA-Texten. Immerhin hat die Angst vor einer Ablösung und Zerstörung des eigenen Systems mit dem Anschlag auf das World Trade Center kurze Zeit nach Anlaufen der Neuverfilmung im Kino keineswegs abgenommen; das Gegenteil trifft zu.

Die bescheidene Publikumsresonanz und damit letztlich das Ausbleiben weiterer Texte kann in der Neuverfilmung also nicht mit einer Anpassung an veränderte kulturelle Strukturen ‚entschuldigt' werden. Interessant ist dabei aber, dass die konkreten Gründe für das Scheitern ähnliche oder gar die gleichen wie bei der Serie waren. Denn das, was seitens der Rezipienten bei der Neuverfilmung auf das größte Unbehagen gestoßen ist, sind die Inkohärenzen hinsichtlich des Schlusses, d.h. also Leos schein-

[92] THE SIEGE (Ausnahmezustand, USA 1998, Edward Zwick).

bar unnötige Rückkehr auf die Erde und die dortige Existenz einer Affenherrschaft.[93]

Wie bei der Analyse gezeigt wurde, sind diese Inkohärenzen und Inkonsistenzen aber durch die Existenz einer zweiten semantischen Grundordnung bedingt, nämlich der von ‚Frieden' vs. ‚Nicht-Frieden / Kampf'. Und beides – die Existenz von raumsemantischen Inkonsistenzen sowie von doppelten Raumsemantiken – war ja auch bei der Serie das eigentliche Problem. Der Unterschied zur Serie und zu den darauf folgenden Texten der 70er Jahre ist nun aber der, dass diese eine zusätzliche Raumsemantik aufgrund der veränderten kulturellen Situation installieren mussten, es sich also um unvermeidbare ‚Fehler' handelte; bei der Neuverfilmung aber nicht. Bei ihr stellt sich tatsächlich die Frage nach deren Notwendigkeit. Wie gezeigt, verstärken diese ja auch nur die bis dahin ohnehin schon aufgebaute Aussage, konstruieren also weder eine neue, noch erweitern die bestehende wesentlich.

[93] Vgl. dazu die entsprechenden Foren im Internet.

Literaturverzeichnis

Primärtexte: Analysekorpus

Boulle, Pierre: [*La planète des singes*, 1963] Der *Planet der Affen,* München 2001.

Escape from Tomorrow, *Folge 1*, PLANET OF THE APES – THE TV-SERIES, 13.09.1974.

The Gladiators, *Folge 2*, PLANET OF THE APES – THE TV-SERIES, 20.09.1974.

The Trap, *Folge 3*, PLANET OF THE APES – THE TV-SERIES, 27.09.1974.

The Good Seeds, *Folge 4*, PLANET OF THE APES – THE TV-SERIES, 04.10.1974.

The Legacy, *Folge 5*, PLANET OF THE APES – THE TV-SERIES, 11.10.1974.

Tomorrow's Tide, *Folge 6*, PLANET OF THE APES – THE TV-SERIES, 18.10.1974.

The Surgeon, *Folge 7*, PLANET OF THE APES – THE TV-SERIES, 25.10.1974.

The Deception, *Folge 8*, PLANET OF THE APES – THE TV-SERIES, 01.11.1974.

The Horse Race, *Folge 9*, PLANET OF THE APES – THE TV-SERIES, 08.11.1974.

The Interrogation, *Folge 10*, PLANET OF THE APES – THE TV-SERIES, 15.11.1974.

The Tyrant, *Folge 11*, PLANET OF THE APES – THE TV-SERIES, 22.11.1974.

The Cure, *Folge 12*, PLANET OF THE APES – THE TV-SERIES, 29.11.1974.

The Liberator, *Folge 13*, PLANET OF THE APES – THE TV-SERIES, nicht gesendet.

Up above the World so high, *Folge 14*, PLANET OF THE APES – THE TV-SERIES, 06.12.1974.

PLANET OF THE APES (Planet der Affen, USA 2001, Tim Burton).

Primärtexte: Gesamtkorpus

Der Roman:

Boulle, Pierre: [*La planète des singes*, 1963] Der *Planet der Affen,* München 2001.

Die Erstverfilmung und ihre Sequels:

PLANET OF THE APES (Planet der Affen, USA 1968, Franklin J. Schaffner).

BENEATH THE PLANET OF THE APES (Rückkehr zum Planet der Affen, USA 1970, Ted Post).

ESCAPE FROM THE PLANET OF THE APES (Flucht vom Planet der Affen, USA 1971, Don Taylor).

CONQUEST OF THE PLANET OF THE APES (Eroberung vom Planet der Affen, USA 1972, J. Lee Thompson).

BATTLE FROM THE PLANET OF THE APES (Die Schlacht um den Planet der Affen, USA 1973, J. Lee Thompson).

Die TV-Serie:

PLANET OF THE APES – THE TV-SERIES (14 Folgen, Erstausstrahlung: 13.09.1974-06.12.1974).[94]

Die TV-Zeichentrickfilmserie:

Flames of Doom, *Folge 1*, RETURN TO THE PLANET OF THE APES – THE ANIMATED SERIES, 06.09.1975.

Escape from Ape City, *Folge 2*, RETURN TO THE PLANET OF THE APES – THE ANIMATED SERIES, 13.09.1975.

---

94 Die Auflistung der einzelnen Folgen befindet sich weiter oben unter ‚Primärtexte: Analysekorpus'.

Lagoon of Peril, *Folge 3*, RETURN TO THE PLANET OF THE APES – THE ANIMATED SERIES, 20.09.1975.

Tunnel of Fear, *Folge 4*, RETURN TO THE PLANET OF THE APES – THE ANIMATED SERIES, 27.09.1975.

The Unearthly Prophecy, *Folge 5*, RETURN TO THE PLANET OF THE APES – THE ANIMATED SERIES, 04.10.1975.

Screaming Wings, *Folge 6*, RETURN TO THE PLANET OF THE APES – THE ANIMATED SERIES, 10.10.1975.

Trail to the Unknown, *Folge 7*, RETURN TO THE PLANET OF THE APES – THE ANIMATED SERIES, 18.10.1975.

Attack from the Clouds, *Folge 8*, RETURN TO THE PLANET OF THE APES – THE ANIMATED SERIES, 25.10.1975.

Mission of Mercy, *Folge 9*, RETURN TO THE PLANET OF THE APES – THE ANIMATED SERIES, 01.11.1975.

Invasion of the Underdwellers, *Folge 10*, RETURN TO THE PLANET OF THE APES – THE ANIMATED SERIES, 01.11.1975.

Battle of the Titans, *Folge 11*, RETURN TO THE PLANET OF THE APES – THE ANIMATED SERIES, 08.11.1975.

Terror on Ice Mountain, *Folge 12*, RETURN TO THE PLANET OF THE APES – THE ANIMATED SERIES, 22.11.1975.

River of Flames, *Folge 13*, RETURN TO THE PLANET OF THE APES – THE ANIMATED SERIES, 29.11.1975.

Die Comic-Adaptionen

Moench, Doug / Plaag, Mike: „Terror auf dem Planeten der Affen – Teil 1“. In: *Planet der Affen Nr.1*. Marvel-Comic 1975, S. 22-47.

Moench, Doug / Plaag, Mike: „Terror auf dem Planeten der Affen – Teil 2“. In: *Planet der Affen Nr. 2*. Marvel-Comic 1975, S. 27-51.

Moench, Doug / Plaag, Mike: „Terror auf dem Planeten der Affen – Teil 3“. In: *Planet der Affen Nr. 3*. Marvel-Comic 1975, S. 28-53.

Moench, Doug / Plaag, Mike: „Terror auf dem Planeten der Affen – Teil 4“. In: *Planet der Affen Nr. 4*. Marvel-Comic 1975, S. 24-51.

Moench, Doug / Plaag, Mike: „Terror auf dem Planeten der Affen – Teil 5“. In: *Planet der Affen Nr. 6*. Marvel-Comic 1975, S. 28-48.

Moench, Doug / Plaag, Mike: „Terror auf dem Planeten der Affen – Teil 6“. In: *Planet der Affen Nr. 8*. Marvel-Comic 1975, S. 22-44.

Moench, Doug / Plaag, Mike: „Terror auf dem Planeten der Affen – Teil 7“. In: *Planet der Affen Nr. 11*. Marvel-Comic 1975, S. 22-44.

Moench, Doug / Plaag, Mike: „Terror auf dem Planeten der Affen – Teil 8“. In: *Planet der Affen Nr. 13*. Marvel-Comic 1975, S. 32-56.

Moench, Doug / Hannigan, Ed / Mooney, Jim: „Alptraum der Evolution“. In: *Planet der Affen Nr. 5*. Marvel-Comic 1975, S. 31-56.

Moench, Doug / Rival, Rico: „Königreich auf der Insel der Affen – Teil 1“. In: *Planet der Affen Nr. 9*. Marvel-Comic 1975, S. 32-54.

Moench, Doug / Rival, Rico: „Königreich auf der Insel der Affen – Teil 2“. In: *Planet der Affen Nr. 10*. Marvel-Comic 1975, S. 28-60.

Moench, Doug / Sutton, Tom: „Stadt der Nomaden“. In: *Planet der Affen Nr. 12*. Marvel-Comic 1975, S. 29-54.

Die Neuverfilmung und ihre Comic- und Computerspiel-Adaptionen:

PLANET OF THE APES (Planet der Affen, USA 2001, Tim Burton).

Planet der Affen – das Computerspiel (Hersteller: Ubi Soft, 2001).

Broyles, William u.a.: *Planet of the Apes,* Dark Horse Comics, 2001.

Sekundärliteratur

Bacu, Beatrice / Klimczak, Peter (2007): „J.A.G. – Im Auftrag der Ehre. Serielle Strukturen, ihre Funktion und das Pentagon“. In: Andreas Becker / Doreen Hartmann / Don Cecil Lorey / Andrea Nolte (Hgg.): *Medien – Diskurse – Deutungen. Dokumentation des 20. Film- und Fernsehwissenschaftlichen Kolloquiums 2007*. Marburg 2007. S. 103-110.

Berg, Manfred (2004): „Liberaler Konsens und gesellschaftliche Polarisierung: Die innere Entwicklung, 1945-1975“. In: Peter Lösche / Hans Dietrich von Loeffelholz (Hgg.): *Länderbericht USA*. Bonn 2004[4]. S. 153-176.

Borstnar, Nils / Pabst, Eckhard / Wulff, Hans Jürgen (2002): *Einführung in die Film- und Fernsehwissenschaft*. Konstanz 2002.

Copi, Irving (1998): *Einführung in die Logik*. München 1998.

Decker, Jan-Oliver (2006): *Madonna: Where's that girl. Starimage und Erotik im medialen Raum*. Kiel 2006.

Decker, Jan-Oliver (2007): „Literaturgeschichtsschreibung und deutsche Literaturgeschichte. Ein Überblick.“ In: Marianne Wünsch: *Realismus (1850-1890). Zugänge zu einer literarischen Epoche*. Kiel 2007. S. 13-40.

Dickson, Paul (2001): *Sputnik: The shock of the century*. New York 2001.

Dippel, Horst (2005): *Geschichte der USA*. München 2005[7].

Divine, Robert A. (1993): *The Sputnik Challenge*. New York 1993.

Englert, Sylvia (2005): *Cowboys, Gott und Coca-Cola*. Frankfurt a. M. 2005.

Flaschka, Horst (1976): *Modell, Modelltheorie und Formen der Modellbildung in der Literaturwissenschaft*. Köln, Wien 1976.

Freyer, Hans (1964): „Gesellschaft und Kultur“. In: Golo Mann (Hg.): *Propyläen Weltgeschichte. Band 10: Die Welt von heute*. Berlin 1964. S. 501-591.

Gallas, Helga (1972): „Strukturalismus als interpretatives Verfahren“. In: Dies. (Hg.): *Strukturalismus als interpretatives Verfahren*. Darmstadt 1972. S. IX-XXXI.

Grenne, Eric (1996): *Planet of the Apes as American Myth. Race and politics in the films and television series*. Jefferson, North Carolina 1996.

Grimm, Petra (1996): *Filmnarratologie. Eine Einführung in die Praxis der Interpretation am Beispiel des Werbespots*, München 1996.

Guggisberg, Hans R. (2002): *Geschichte der USA*. Stuttgart 2002[4].

Hacke, Christian (1997): *Zur Weltmacht verdammt. Die amerikanische Außenpolitik von Kennedy bis Clinton*. Berlin 1997.

Heideking, Jürgen / Mauch, Christof (2008): *Geschichte der USA*. Tübingen 2008[6].

Hennig-Thurau, Thorsten (2004): „There's No Business Like Movie Business: Überlegungen zu den Erfolgsfaktoren von Spielfilmen". In: Bernd Wirtz (Hg.): *Handbuch Medienmanagement*, Wiesbaden 2004. S. 365-392.

Hennig-Thurau, Thorsten / Henning, Victor (2005): „Zum Zusammenhang von Qualität, Marketing und Markterfolg bei Spielfilmen". In: Friedhelm W. Bliemel / Andreas Eggert / Georg Fassott / Jörg Henseler (Hgg.): *Handbuch PLS-Pfadmodellierung*. Wiesbaden 2005. S. 211-223.

Hennig-Thurau, Thorsten / Houston, Mark B. / Walsh, Gianfranco (2007): „Determinants of Motion Picture Box Office and Profitability: An Interrelationship Approach". In: *Review of Managerial Science*, Band 1 (1). S. 65-92.

Hennig-Thurau, Thorsten / Walsh, Gianfranco / Wruck, Oliver (2001): „An Investigation into the Factors Determining the Success of Service Innovations - The Case of Motion Pictures". In: *Academy of Marketing Science Review, 01 (06).*

Hennig-Thurau, Thorsten / Wruck, Oliver (2000): „Warum wir ins Kino gehen: Erfolgsfaktoren von Kinofilmen". In: *Marketing ZFP, Nr. 22, Heft 3*. S. 241-258.

Hofstede, David (2001): *Planet of the Apes. An unofficial companion*. Toronto 2001.

Jehmlich, Reimer (1980): *Science Fiction*. Darmstadt 1980.

Jogschies, Rainer (2006): „Zur Chiffrierung von Atomkriegsängsten in Science-Fiction-Filmen und ihrer De-Chiffrierung in der Politik. Erzählweisen zwischen Überlieferung und Projektion in den USA, Großbritannien und Japan – Wirklichkeitskonstruktion zwischen Fantasie und ‚Nuklearismus'". In: Manfred Mai / Rainer Winter (Hgg.): *Das Kino der Gesellschaft – die Gesellschaft des Kinos. Interdisziplinäre Positionen, Analysen und Zugänge*. Köln 2006. S. 205-241.

Johnson, Chalmers (2000): *Ein Imperium verfällt. Wann endet das amerikanische Jahrhundert?* München 2000.

Kanzog, Klaus (1997): *Einführung in die Filmphilologie*. München 1997[2].

Karmasin, Helene / Schmitz, Walter / Wünsch, Marianne (1978): „Kritiker und Leser: Eine empirische Untersuchung zur ‚Stiller'-Rezeption". In: Walter Schmitz (Hg.): *Materialien zu Max Frisch, ‚Stiller'*. Frankfurt a. M. 1978. S. 493-537.

Karsh, Efraim (2007): *Imperialismus im Namen Allahs. Von Muhammad bis Osama Bin Laden*. München 2007.

Klimczak, Peter (2007): „Minimale Abweichung – Maximale Angleichung: Bedeutungskonstituierung in den ‚Planet-der-Affen'-Texten". In: Christian Hißnauer / Andreas Jahn-Sudmann (Hgg.): *Medien – Zeit – Zeichen. Dokumentation des 19. Film- und Fernsehwissenschaftlichen Kolloquiums 2006*. Marburg 2007. S. 241-248.

Krah, Hans (1996): „Zukünftige Welten und globale Katastrophen. Zur Genrekonstituierung von ‚Endzeitfilmen'". In: Britta Neitzel (Hg.): *FFK 9. Dokumentation des 9. Film- und Fernsehwissenschaftlichen Kolloquiums an der Bauhaus-Universität Weimar, Oktober 1996*. Weimar 1997. S. 92-112.

Krah, Hans (1999a): „Räume, Grenzen, Grenzüberschreitungen. Einführende Überlegungen". In: Ders. (Hg.): *Räume, Grenzen, Grenzüberschreitungen. Bedeutungs-Welten in Literatur, Film und Fernsehen*. Tübingen 1999. S. 3-12.

Krah, Hans (1999b): „Raum, Sexualität, ‚sequel'. ‚Natur' als bürgerlicher Projektionsraum am Beispiel von THE BLUE LAGOON (1980) und RETURN TO THE BLUE LAGOON (1991)". In: Ders. (Hg.): *Räume, Grenzen, Grenzüberschreitungen. Bedeutungs-Welten in Literatur, Film und Fernsehen*. Tübingen 1999. S. 57-83.

Krah, Hans (1999c): „Textuelle Dekonstruktion als systemische Integration. Storm-Verfilmungen als ‚Ideologisierung' am Beispiel von ‚Viola Tricolor' / ‚Ich werde dich auf Händen tragen' (BRD 1958, Veit Harlan)". In: Harro Segeberg / Gerd Eversberg (Hgg.): *Theodor Storm und die Medien. Zur Mediengeschichte eines poetischen Realisten*. Berlin 1999. S. 269-297.

Krah, Hans (1999d): „Unterleibsgeschichten. Schwangerschaft und Endzeitfilm am Beispiel von THE ULTIMATE WARRIOR (USA 1975, Robert Clouse)". In: Hans Krah, Eckhard Pabst, Wolfgang Struck (Hgg.): *FFK 11. Dokumentation des 11. Film- und Fernsehwissenschaftlichen Kolloquiums an der Christian-Albrechts-Universität Kiel, Oktober 1998*. Hamburg 1999. S. 191-211.

Krah, Hans (2004): *Weltuntergangsszenarien und Zukunftsentwürfe. Narrationen vom ‚Ende' in Literatur und Film 1945-1990*. Kiel 2004.

Krah, Hans (2005): „‚Hunnenblut'. Die biologistische und normalistische (Re-)Vitalisierung der Venusberggeschichte in Wilhelm Jensens spätrealistischer Erzählung". In: Thomas Betz / Franziska Mayer (Hgg.): *Abweichende Lebensläufe, poetische Ordnungen*. München 2005. S. 381-411.

Krah, Hans (2006a): *Einführung in die Literaturwissenschaft / Textanalyse*. Kiel 2006.

Krah, Hans (2006b): „Performativität und Literaturverfilmung. Aspekte des Medienwechsels am Beispiel von Franz Kafkas ‚Der Prozeß' (1925), Orson Welles' ‚Der Prozeß' (1962) und Steven Soderberghs ‚Kafka' (1991)". In: Erika Hammer / Edina Sándorfi (Hgg.): *Der Rest ist – Staunen. Literatur und Performativität*. Wien 2006. S. 144-187.

Krah, Hans (2006c): „Kommunikation und Medien am Beispiel Film". In: Hans Krah / Michael Titzmann (Hgg.): *Medien und Kommunikation. Eine interdisziplinäre Einführung*. Passau 2006. S. 249-279.

Krah, Hans (2006d): „Semiotische Grundbegriffe: Zeichen und Zeichensysteme". In: Hans Krah / Michael Titzmann (Hgg.): *Medien und Kommunikation. Eine interdisziplinäre Einführung*. Passau 2006. S. 9-31.

Krah, Hans (2006e): „Kommunikationssituation, Sprechsituation, Semantik". In: Hans

Krah / Michael Titzmann (Hgg.): *Medien und Kommunikation. Eine interdisziplinäre Einführung.* Passau 2006. S. 33-65.

Krah, Hans (2009): „Erzählen in Folge. Eine Systematisierung narrativer Fortsetzungszusammenhänge". In: Michael Schaudig (Hg.): *Strategien der Filmanalyse: Reloaded. Festschrift für Klaus Kanzog.* München 2009 (in Vorbereitung).

Krah, Hans / Struck, Wolfgang (2001): „Gebrochene Helden / gebrochene Traditionen / gebrochene Mythen. Der Film der 70er Jahre". In: Hans Krah (Hg.): *All-Gemeinwissen. Kulturelle Kommunikation in populären Medien.* Kiel 2001. S. 117-137.

Landau, Diana (2001): *Planet der Affen.* Nürnberg 2001.

Link, Jürgen (1997): *Literaturwissenschaftliche Grundbegriffe.* München 1997[6].

Lotman, Jurij M. (1974a): „Zur Metasprache typologischer Kultur-Beschreibungen". In: Ders.: *Aufsätze zur Theorie und Methodologie der Literatur und Kultur.* Kronberg 1974. S. 338-377.

Lotman, Jurij M. (1974b): „Die Entstehung des Sujets typologisch gesehen". In: Ders.: *Aufsätze zur Theorie und Methodologie der Literatur und Kultur.* Kronberg 1974. S. 30-65.

Lotman, Jurij M. (1993): *Die Struktur literarischer Texte.* München 1993[4].

Martinez, Matias / Scheffel, Michael (2003): *Einführung in die Erzähltheorie.* München 2003[5].

Monaco, James (2004): *Film verstehen.* Hamburg: Rowohlt 2004[5].

Morris, Kenneth (1996): *Jimmy Carter. American moralist.* Athens 1996.

Pfister, Manfred (2001): *Das Drama.* München 2001[11].

Randal, Jonathan (2004): *Osama. The Making of a Terrorist.* New York 2004.

Renner, Karl N. (1983): *Der Findling. Eine Erzählung von Heinrich von Kleist und ein Film von George Moorse. Prinzipien einer adäquaten Wiedergabe narrativer Strukturen.* München 1983.

Renner, Karl N. (1987): „Zu den Brennpunkten des Geschehens. Erweiterung der Grenzüberschreitungstheorie: Die Extrempunktregel". In: Ludwig Bauer (Hg.): *Strategien der Filmanalyse.* München 1987. S. 115-130.

Renner, Karl N. (2004): „Grenze und Ereignis. Weiterführende Überlegungen zum Ereigniskonzept von J.M. Lotman". In: Gustav Frank / Wolfgang Lukas (Hgg.): *Norm-Grenze-Abweichung. Kultursemiotische Studien zu Literatur, Medien und Wirtschaft. Michael Titzmann zum 60. Geburtstag.* Passau 2004. S. 357-381.

Savigny, Eike von (1970): *Grundkurs im wissenschaftlichen Definieren.* München 1970.

Schweigler, Gebhard (2004): „Außenpolitik". In: Peter Lösche / Hans Dietrich von Loeffelholz (Hgg.): *Länderbericht USA*. Bonn 2004[4]. S. 410-507.

Scott, Peter D. (2004): *Die Drogen, das Öl und der Krieg. Zur Tiefenpolitik der USA*. Frankfurt a. M. 2004.

Stine, Deborah (2008): *U.S. Civilian Space Policy Priorities: Reflections 50 Years After Sputnik*. Auf: http:/ /www.fas.org/sgp/crs/space/RL34263.pdf (letzter Abruf: 10.01.2009).

Stöver, Bernd (2007): *Der Kalte Krieg 1947-1991. Geschichte eines radikalen Zeitalters*. München 2007.

Suvin, Darko (1979): *Poetik der Science Fiction. Zur Theorie und Geschichte einer literarischen Gattung*. Frankfurt a. M. 1979.

Titzmann, Michael (1983): „Probleme des Epochenbegriffs in der Literaturgeschichtsschreibung". In: Karl Richter / Jörg Schönert (Hgg.): *Klassik und Moderne. Die Weimarer Klassik als historisches Ereignis und Herausforderung im kulturgeschichtlichen Prozess*. Stuttgart 1983. S. 98-131.

Titzmann, Michael (1989): „Kulturelles Wissen – Diskurs – Denksystem. Zu einigen Grundbegriffen der Literaturgeschichtsschreibung". In: *Zeitschrift für französische Sprache und Literatur 1989, Band XCIX*. S. 47-61.

Titzmann, Michael (1992): „‚Zeit' als strukturierende und strukturierte Kategorie in sprachlichen Texten". In: Walter Hömberg / Michael Schmolke (Hgg.): *Zeit – Raum – Kommunikation*. München 1992. S. 234-254.

Titzmann, Michael (1993): *Strukturale Textanalyse*. München 1993[3].

Titzmann, Michael (1999): „Das Drama des Expressionismus im Kontext der Frühen Moderne und die Funktion dargestellter Delinquenz". In: Joachim Lindner / Claus-Michael Ort (Hgg.): *Verbrechen – Justiz – Medien*. Tübingen 1999. S. 217-272.

Titzmann, Michael (2002): „Zur Einleitung ‚Biedermeier' – ein literarhistorischer Problemfall". In: Ders. (Hg.): *Zwischen Goethezeit und Realismus. Wandel und Spezifik in der Phase des Biedermeier*. Tübingen 2002. S. 1-7.

Titzmann, Michael (2003): „Semiotische Aspekte der Literaturwissenschaft: Literatursemiotik". In: Roland Posner / Klaus Robering / Thomas Seteok (Hgg.): *Semiotik. Ein Handbuch zu den zeichentheoretischen Grundlagen von Natur und Kultur. 3. Teilband*. Berlin 2003. S. 3028-3103.

Titzmann, Michael (2006): „Propositionale Analyse – kulturelles Wissen – Interpretation" In: Hans Krah / Michael Titzmann (Hgg.): *Medien und Kommunikation. Eine interdisziplinäre Einführung*. Passau 2006. S. 67-92.

Todorov, Tzvetan (1972): *Einführung in die fantastische Literatur*. München 1972.

Wall, Robert (1973): *Logik und Mengenlehre. Einführung in die Logik und Mathematik für Linguisten Band 1*. Kronberg 1973.

Walter, Klaus Peter (1992): „Der Planet der Affen". In: Joachim Körber (Hg.): *Bibliographisches Lexikon der utopisch phantastischen Literatur.* 10. Erg.-Lfg. August 1992.

Wright, Lawrence (2007): *Der Tod wird euch finden. Al-Qaida und der Weg zum 11. September.* München 2007.

Wünsch, Marianne (1975): *Der Strukturwandel in der Lyrik Goethes. Die systemimmanente Relation der Kategorien ‚Literatur' und ‚Realität': Probleme und Lösungen.* Stuttgart 1975.

Wünsch, Marianne (1978): „‚Stiller': Versuch einer strukturalen Lektüre". In: Walter Schmitz (Hg.): *Materialien zu Max Frisch, ‚Stiller'.* Frankfurt a. M. 1978. S. 541-593.

Wünsch, Marianne (1981): „Zum Verhältnis von Interpretation und Rezeption. Experimentelle Untersuchungen am Beispiel eines Theodor Storm-Textes". In: Helmut Kreuzer / Reinhold Viehoff (Hgg.): *Literaturwissenschaft und empirische Methoden.* Göttingen 1981. S. 197-225.

Wünsch, Marianne (1984): „Wirkung und Rezeption". In: Klaus Kanzog / Achim Nusser (Hgg.): *Reallexikon der deutschen Literaturgeschichte, Bd. 4.* Berlin, New York 1984². S. 894-919.

Wünsch, Marianne (1991a): „Vom späten ‚Realismus' zur ‚Frühen Moderne': Versuch eines Modells des literarischen Strukturwandels". In: Michael Titzmann (Hg.): *Modelle des literarischen Strukturwandels.* Tübingen 1991. S. 187-203.

Wünsch, Marianne (1991b): *Die Fantastische Literatur der Frühen Moderne (1890-1930). Definition. Denkgeschichtlicher Kontext. Strukturen.* München 1991.

Wünsch, Marianne (1992): „Experimente Storms an den Grenzen des Realismus: neue Realitäten in ‚Schweigen' und ‚Ein Bekenntnis'". In: *Schriften der Theodor-Storm-Gesellschaft 41 (1992).* S. 13-23.

Wünsch, Marianne (1999): „Zukünftige Welten nach der Katastrophe: Endzeit im Film". In: *Kodikas / Code. Ars Semeiotica 22, No. 1-2, (1999).* S. 107-113.

Wünsch, Marianne (2002): „Struktur der ‚dargestellten Welt' und narrativer Prozeß in erzählenden ‚Metatexten' des ‚Biedermeier'. In: Michael Titzmann (Hg.): *Zwischen Goethezeit und Realismus. Wandel und Spezifik in der Phase des Biedermeier.* Tübingen 2002. S. 269-282.

Wünsch, Marianne (2004): „Grenzerfahrung und Epochengrenze. Sterben in C. F. Meyers „Die Versuchung des Pescara und Arthur Schnitzlers Sterben". In: Gustav Frank / Wolfgang Lukas (Hgg.): *Norm – Grenze – Abweichung. Kultursemiotische Studien zu Literatur, Medien und Wirtschaft. Michael Titzmann zum 60. Geburtstag.* Passau 2004. S. 127-146.

Wünsch, Marianne (2006): „Rezeption". In: Horst Brunner / Rainer Moritz (Hgg.): *Literaturwissenschaftliches Lexikon. Grundbegriffe der Germanistik.* Berlin 2006². S. 341-344.

für Beatrice

Abonnement

Hiermit abonniere ich die Reihe **Film- und Medienwissenschaft (ISSN 1866-3397)**, herausgegeben von Irmbert Schenk und Hans Jürgen Wulff,

❒ ab Band # 1

❒ ab Band # ___

❒ Außerdem bestelle ich folgende der bereits erschienenen Bände:
#___, ___, ___, ___, ___, ___, ___, ___, ___, ___, ___, ___

❒ ab der nächsten Neuerscheinung

❒ Außerdem bestelle ich folgende der bereits erschienenen Bände:
#___, ___, ___, ___, ___, ___, ___, ___, ___, ___, ___, ___

❒ 1 Ausgabe pro Band ODER ❒ ___ Ausgaben pro Band

Bitte senden Sie meine Bücher zur versandkostenfreien Lieferung innerhalb Deutschlands an folgende Anschrift:

Vorname, Name: ______________________________

Straße, Hausnr.: ______________________________

PLZ, Ort: ______________________________

Tel. (für Rückfragen): ______________ *Datum, Unterschrift:* ______________

Zahlungsart

❒ *ich möchte per Rechnung zahlen*

❒ *ich möchte per Lastschrift zahlen*

bei Zahlung per Lastschrift bitte ausfüllen:

Kontoinhaber: ______________________________

Kreditinstitut: ______________________________

Kontonummer: ______________ Bankleitzahl: ______________

Hiermit ermächtige ich jederzeit widerruflich den *ibidem*-Verlag, die fälligen Zahlungen für mein Abonnement der Reihe **Film- und Medienwissenschaft** von meinem oben genannten Konto per Lastschrift abzubuchen.

Datum, Unterschrift: ______________________________

Abonnementformular entweder **per Fax** senden an: **0511 / 262 2201** oder 0711 / 800 1889
oder als **Brief** an: *ibidem*-Verlag, Julius-Leber Weg 11, 30457 Hannover oder
als **e-mail** an: **ibidem@ibidem-verlag.de**

ibidem-Verlag

Melchiorstr. 15

D-70439 Stuttgart

info@ibidem-verlag.de

www.ibidem-verlag.de
www.ibidem.eu
www.edition-noema.de
www.autorenbetreuung.de

Zeitfracht Medien GmbH
Ferdinand-Jühlke-Straße 7
99095 Erfurt, Deutschland
produktsicherheit@kolibri360.de